異形の労働組合指導者「松崎明」の誤算と蹉跌

〜「JR東日本革マル問題」の真相と現状〜

宗形　明

高木書房

目次

序章『松崎明　秘録』（同時代社）の刊行とその意図

一・『松崎明　秘録』刊行と「松崎明」の変貌

『松崎明　秘録』（同時代社　平成二〇年四月）の刊行がなかったら、本書が書かれることはなかった。

著者松崎明氏（同氏を批判する本書の性格上、以下「松崎明」または「松崎」と敬称略）は同書の中で、「分割民営化に直面して、私は、最後まで日本の労働運動を残してやれと思った」「われわれは残ると決心した」「何と言われようと残る。なぜならば、我が組織は階級的だから」「階級的な組織を残しておけば、やがてそれは次の時代に萌芽となるであろうというふうに思っていましたから」と語っている。

この松崎明の言辞は、社会的〝背信行為〟であり、国鉄改革の精神に対する〝裏切り行為〟である。なぜならば、それまでとかくの噂があった「松崎明」と「動労」が一定の社会的信頼をかち得ることができた象徴的なシーンは、JR発足の前年、一九八六年（昭和六一年）七月九日、京都で開催された鉄労全国大会における松崎明動労本部委員長（当時）の有名な〝来賓挨拶〟であったからだ。

松崎は、動労組合員がそれまで鉄労組合員や、鉄労出身の管理者に対して振るった数々の暴力や傷害行為について、率直に謝罪した上で、明確に次のように述べた。

「わたしは、いうまでもなく階級闘争を真面目に進めてまいりました。私らの理念は階級闘争の理念でありました。」「（今後は）鉄労の皆さん方が選択してきたこれまでの道筋に則って、私たちはその経験に学びながら一生懸命がんばりたい、そう思っているわけであります。」

これは、誰がどう読んでも、松崎は官公労主体「〝総評〟路線」の最左翼組合として、全国に名を馳せた動労型・〝階級的労働運動〟と訣別し、民間企業労組主体「〝同盟〟路線」を支持し労使協調の〝穏健な労働運動〟を推進してきた鉄労型の組合運動を選択する、という松崎の「決意表明」であり、「社会的誓約」である。だからこそ、その時、「鬼の動労」のカリスマ的牽引者・松崎は〝熱狂的歓迎の拍手〟に包まれ、世間は安堵し、好感を持ったのである。

ところが、『松崎明　秘録』の中で、松崎は、「日本に階級的労働運動（＝動労型組合運動）を残すために国鉄分割民営化に賛成した」と今に至って前言を翻した。

言い換えれば、「鉄労京都大会での『コペ転』宣言は嘘だった」「だが、日本に階級的労働運動を残すための嘘がなぜ悪いか！」と臆面もなく、堂々と開き直ったのだ。

この二〇年余、松崎の〝言行録〟を追い、「JR東日本革マル問題」を凝視し続けてきた私にとって、『松崎明　秘録』は、〝嘘〟と〝欺瞞〟に充ち満ちた書物である。

いずれ機会があれば、全面的批判の書を書くつもりだが、先ずは、「国鉄改革の功労者」、「JR東日本の創始者の一人……」云々の〝松崎神話〟の虚構性を明らかにし、JR東日本の内外から〝松崎神話〟の幻影を追い払い、JR東日本を覆い包んでいる〝松崎呪縛〟を解く必要があると考えた。本書刊行の意図である。

次は、松崎明の絶頂期、一九九二年（平成四年）における言だ。

【私の労働運動の信条は絶対にうそをつかないということだ。……職場の労働者の感性は実に鋭いものがあって、決して衆愚ではなく衆賢なのだ。……私はうそやごまかしで身をかわそうとせず、裸でぶつかる。そうでなかったら、「革マル」だとか「過激派だ」とか言われる私にみんながついてくるはずがない。脱落しないでついてきてくれるのは、私にカリスマ性があるからではなく、うそを言わずに、物事をはっきりさせる以外にはないという道からはずれないからだと思う】（松崎　明『鬼が撃つ～もう一人のJR牽引者として～』TBSブリタニカ　一三六頁）。

だがしかし、たとえば「JR東労組を良くする会」の結成や、それに続く「ジェイアール労働組合」（本間雄治委員長）の誕生とJR東労組長野地本、同新潟地本の現状などは、この松崎の〝きれい事〟と真逆のことを雄弁に物語っている。

そして今、松崎は「浦和電車区事件」に関してこんなことを叫んでいるのだ（『われらのインター』第三号）。


ＪＲ東日本会社による大弾圧、不当大量首切りに断固たる反撃を！

松崎　明

二〇〇七年七月一七日は、東京地裁小池裁判長の「七人全員有罪」判決の日である。被告人席にも届かない程の弱々しい声でそれは言い渡されたそうである。

無実であり、無罪でしかない人間に「有罪」を告げるのは多少でも良心のある人間にはさぞかし辛いことであったろうと同情したくなるくらいだったと聞く。……

ところで、ＪＲ東日本会社は「待ってました！」とばかりに全員を懲戒解雇処分にした。……日本の裁判制度は三審制である。そして三審の最高裁判決が出るまで「推定無罪」であるのは世の中の常識だ。あえて不当弾圧としての解雇処分を強行したことは、紛れもなくこの会社の幹部の質、人柄を表現している。……

「会社は組合に対する方針を変えていない。これからも従来通りやる」とおっしゃるのだそうだ。そんなウソッパチを言われてエヘラエヘラしているようでは労働組合とは言えない。

仮に嶋田委員長であれば、とっくの昔に全員を統制処分にしたであろう。「正当な逮捕」だから「裁判もやらない」「組合員としての身分保証」も、もちろんするわけはない。……

俺たちは不当な弾圧に則った、会社による最大級の大弾圧に対して合法的に、冷静に、組織的に、長期的に、断固として闘い抜こう。全員の無罪確定、解雇撤回、謝罪を目指して。

〈まつざき　あきら　国際総研会長〉

松崎が罵倒するところの「仮に嶋田委員長であれば、とっくの昔に全員を統制処分にしたであろう」こそ、松崎自身が〝学ぶ〟と誓約した民間企業労組主軸の旧同盟路線、〝鉄労型労働組合運動〟なのである。それこそが、民間企業の「普通の労働組合」の「普通の組合運動」にほかならないのだ。

松崎明はいまや〝動労型労働運動〟の昔に、身も心も完全に「先祖返り」しているように見える。松崎が叫ぶ**「JR東日本会社による大弾圧、不当大量首切りに断固たる反撃を！」**には、「親方日の丸」官公労時代の総評・動労型労働運動の思想が脈々と波打っている。

松崎は言う、「浦和電車区事件は平成の松川事件だ！」と。だから〝冤罪〟だと主張するのだが、それは断じて違う。

「浦和電車区事件は平成の動労・門司港機関区事件」なのだ。

動労左傾化のターニングポイントだった「門司港機関区事件」当時、既に動労の最高実力者であった松崎は、今、JR総連・東労組の最高権力者であり、「浦和電車区事件」支持・支援の最強硬論者として、一審有罪被告社員を懲戒免職処分したJR東日本会社を罵り、激しく非難している。

二・松崎による党革マル派と教祖・黒田寛一に対する公式批判

『松崎明　秘録』（同時代社）では評論家・宮崎学氏の質問に答える形で、松崎がさまざまなことを一見率直に語っている。そこでは痛烈な「革マル派批判」ばかりか、教祖・黒田寛一の批判まで行っているのには驚いた。

たとえば、こんなようにである。

＊【一九五六年前後のころだったか、地域の支部にいたときに、私が「フルシチョフはおかしい」とい

うことを言った。当時の私の組織名は「石本」っていったが、私の発言に対して周りの者が「同志石本、フルシチョフがおかしいって？」ってみんなでワーッてなるんですよね、一〇人ぐらいで。有無を言わせぬ「やっつけ」でした。そんなことがあった。】

＊【革マルは、スターリン主義を批判しながら、自分たちがスターリン主義と同じものになっていってしまった、と言えると思いますね。】

＊【結局、革マル派は、俺のことを、シャミテン、つまり社会民主主義に転落した組合主義者だとか、さんざんレッテルを貼ってね、攻撃した。そんなことから、そんなことというなら、俺はあんたたちの言うことは聞かない。俺は一人でやるからと宣言することになる。そうしてしばらくするとね、黒田寛一さんの指令がやってくる。「あれはマズかったよ」と。こっそりと詫びを入れてくるわけですよ。ほんとは、俺に対する攻撃も黒田さんがやらせてるんですよ。私に言わせれば、トップが知らないでね、私に対して何かできるわけがないんですからね。しかし、そういうふうに止めるわけですよね。】

＊【私の場合は、革マルの言うことを聞いていると労働運動なんかメチャメチャにされますからね。だんだん「ふざけるんじゃない」という気になった。】

こんな調子で、松崎氏が言いたいことを要約すると、およそ次のようなことだと思う。

◆合理化・近代化絶対反対で革命志向の革マル派と労働組合運動とは本来的に相容れない。自分は組合運動指導者として生きる道を選んだ。だから党との対立を経て、次第に革マル派とは疎遠になっていっ

た。だから、かなり早い時期からわれわれは〝革マル派〟ではなく、強いて言うなら「松崎派」ないしは「松崎組」である。◆

さて、これを額面どおり信用してよいか?……であるが、それに対する私の回答が本書の刊行である。何故かについて、本書の全体で述べているつもりなので、いちいち問題点を採りあげて反論することはしないが、上記との関連で私が最も興味深く読んだ箇所を次に紹介しておきたい。

松崎　だから、黒田さんと私とは複雑な関係なんですよ。「反松崎」フラクの連中も、私の後ろには黒田がいるようだと分かっている。また、黒田もそれを十分に利用している。だから、この「親分」は、平気で「反松崎」を煽りながらね、そして一方では収めていくと、煽っておいて、こっちの命令で収めさせる、という具合。いゃあ、いろいろやってましたねぇ(笑)。

宮崎　革共同の反松崎フラクが存在したんだろうということは想像できるんですが、対抗して松崎派のフラクはやったんですか。

松崎　松崎派のフラクは政策研究会という、労働組合の中の同志会に対する左派としてあった。これは、革命運動をそのまま労働運動に持ち込もうという革マルのフラクとは性格が違います。この中の優れた部分は当然松崎フラクです。私はここで学習会をやる。そうすると何十人何百人というように集まってくる。これが全国的な力になっていった。だから、全国レベルでは「反松崎」なんていっても通用しない。私は堂々とやってきたわけで。そういう意味では、松崎フラクというものは、こそこそしたもんじゃなくて、そもそも組合正統派と言ってもいいものでしたね。

宮崎　松崎フラクは公然たる組合の核だった。それに対して、反松崎の革共同フラクはあくまでも裏の党派的なものだったということですね。

松崎　そうですね、あくまでも党派的ですよ。

宮崎　その対立が一番最初に始まったのはいつ頃ですか。どういう問題から始まりましたか。社民化だとかいうレッテル貼り以前に具体的な問題として対立したのは、どういうことからだったんですか。

松崎　まず、合理化問題なんですね。私らは大衆組織ですから、大衆にわかりやすく物事を説明するでしょう。そうすると、それは労働組合主義だって言うんですよ。革命的スローガンを掲げなければならない、と言う。つまり、運動の目的自体が革命に向けて組織化することにあるというふうに考えているわけですよね。組合運動は、そのための媒介にすぎない。だから、組合方針にいちいち革命性がないってイチャモンをつけてくるわけですね。「助士廃止反対」といえば、それはいけない、「合理化＝クビ切り」というまちがったとらえかただ、「一人乗務反対」にしぼっていけ、とかいってくる。

宮崎　それは誰が言ってくるんですか。革マルの産業別委員会には、学生上がりの職業革命家が各産別委員会ごとに配置されていたということですが、そういうコミッサール（政治委員）みたいなやつが言ってくるわけですか。

松崎　具体的にはそうですけど、それは、元をたどれば、例の「親分」、クロカン（黒田寛一）からだったんじゃないですか、多分（笑）。

でも、その「親分」は私の前ではそういう姿は全然見せませんよ。革マルには政治局のもとに労働者組織委員会というのがありましてね。共産党でいえば労対ですかね。ところがその委員会は基本的に全部学生上がりなんですよ。その連中が、労働現場や組合のことなんか分からないくせに、生意気なことを言ってくるんですよね。だから、前にも言ったように、そういうものに従っていた他の労働組合では、ものの見事に壊滅していったわけでしょ。

宮崎　その委員会との対決のスタートは何年ぐらいからですか。

松崎　六三年が尾久、田端の闘争ですからね、このときの組織化過程でもすでにぶつかっているんですよ。それから今言った「助士廃止反対」のときですね。だけど私は彼らの方針を無視して別の方針でやった。ただその時は、独自にやったというだけのことでしてね。党からの指導は無視ということです。だって、指導されたら敗けるに決まっていますからね、そんなことやるわけない。だから、やっぱり我々は初めから「松崎組」だったんでしょうね。

宮崎　革マル派結成は一九六三年ですから、その年の闘争でそうだったってことは、まあ、要するに、初めっから、そうだったってことですね（笑）。

松崎は黒田寛一について【……この「親分」は、平気で「反松崎」を煽りながらね、そして一方では収めていくと、煽っておいて、こっちの命令で収めさせる、という具合。いゃあ、いろいろやってましたねぇ（笑）】と茶化すのだが、私から言わせれば、黒田に負けず劣らず松崎も「いゃあ、いろいろやってましたねぇ（笑）」なのだ。例えば、**「革マル派結党以来最大の危機」**とまで言われた「沖縄革マル派問題」に関する《党中央》対《沖縄革マル派＋トラジャ＆マングローブ連合軍》との路線対立紛争の際の松崎の動きなどはその最たるものである。

さて、〝党〟及び〝教祖・黒田寛一〟批判の書、『松崎明　秘録』を読了しての私の最大の疑問は、「革マル派はなぜ完全沈黙しているのか⁉」ということである。あの唯我独尊で誇り高い「革マル派」がなぜ……。

考えあぐねた末に私が出した結論は、「松崎は党中央のコントロールにも成功した⁉」である。その背景には「活動資金」の継続的提供の約束か何かがあったのでは……、などいろいろ考えてはいるのだが、なにせ「秘密組織」がからむこの問題に関しては疑問や疑念だらけ、不可解なことが多すぎる。

ところが最近、こんな私の「尽きぬ疑問」に大きな示唆を与えてくれる好論考が現れてくれた。『治安フォーラム』二〇〇九年一月号掲載の塚田貴司【ＪＲ総連等による革マル派「批判」】である。次の項で、同論考の重要記述部分を抜粋して紹介させていただく。

三．塚田貴司【ＪＲ総連等による革マル派「批判」】（『治安フォーラム』二〇〇九年一月号）

＊最近、ＪＲ総連や松崎明元ＪＲ東労組会長が、あちこちで革マル派への「批判」を展開しているのが目につく。

＊革マル派「批判」の状況

ＪＲ総連や松崎明元ＪＲ東労組会長は、平成一九年以降、革マル派に対する「批判」を繰り返している。その主なものを取りまとめたのが次（頁）の表である（本稿中、便宜的な表記として、同派本体を「党」、ＪＲ総連やＪＲ東労組内における同派活動家の総称を「ＪＲ革マル」とする）。

【党「批判」の状況】

掲載媒体	執筆（発言）者	要　旨
われらのインター（第一号）（二〇〇七・八・一五）	四茂野　修　ＪＲ総連副委員長	「松崎さんが別個の道を歩み始めたことに対し、下部の動揺を恐れた革マル派は《あれは偽装で、本当は革マル派なんだ》と内部で言いくるめてきたのです」

われらのインター（第五号）（二〇〇七・一二・一五）	山崎耕一郎 社会主義協会代表代行	「黒田寛一なんかは、自分の書いたものが一度は動労の運動に生かされたけど、それが後から生かされなくなり失敗した。その総括をしないで九〇年代にまた労働運動論を書くのは、理論家としても見下げなければいけない態度」
松崎明　秘録（二〇〇八・四・二五）	松崎明 元ＪＲ東労組会長	「少なくとも、動労においては、革マルという党の指導によって何かが成功したというようには、私はまったく思っていないですよ。だから、そういう党が妨害物かどうかといわれりゃ明らかに妨害物であると思う」
週刊金曜日（二〇〇八・八・一）		「革マル派を含め、共産党を超えようとした新左翼は内ゲバによって自滅してしまった。そういうものはきちんと精算すべきではないかと思っています」

これらの「批判」で強調されているのは、〝党の言うとおりに労働運動を実践していたら成功はなかった〟、〝ＪＲ総連・ＪＲ東労組が現在あるのは、党とは異なる自主独立路線を歩んできたから〟といったことである。

こうした主張は、特段目新しいものではなく、松崎元会長がその著作等でしばしば展開してきたものであるが（例えば、「鬼が撃つ」〈一九九二年初版、ＴＢＳブリタニカ発行〉）、最近の党「批判」の特徴として、

▼　松崎元会長やJR総連関係者による党「批判」に加え、左翼系の労働運動研究者等との座談会や対談の中で〝動労やJR総連は党から自立して労働運動に取り組んできた〟ことを強調し、これらの者を介して間接的に主張することで、党「批判」の「客観性」や「真実性」を確保しようとしていること

▼　これらの者の主張には、死亡した黒田寛一革マル派前議長を痛烈に批判する内容の主張が含まれていること

▼「松崎明　秘録」（松崎明著、二〇〇八年初版、同時代社発行）や週刊誌等の一般書籍に加え、組合員向けの機関誌である「われらのインター」でも党「批判」が頻繁に展開されていること

といったことが挙げられる。

＊JR内の労働運動の大きな特徴は、複数の労働組合が相互に対立しながら、組織の維持及び拡大にしのぎを削っていることだ。

こうした中、党の非公然部門は、平成七年から八年にかけ、JR総連・JR東労組と対立する労働組合の動向を調査するため、その幹部宅に侵入するなどの事件を引き起こし、一〇年以降、事件に関与した多数の非公然活動家が検挙された。

党の非公然部門が、検挙されるリスクを冒してまで違法な調査活動を行うのは、調査活動を通じて入手する情報が貴重だからであり、とりわけ、組織力や資金力の源泉であるJR内の労働運動に関する情報については、そのことが当てはまるであろう。元会長やJR革マルの指示、教唆又は依頼があったとまでは明言できないにせよ、少なくともその意向を忖度しながら調査活動が行われ、入手された情報の一部は松崎元会長やJR革マルに還元されたとみられる。……（中略）……

複数の労働組合が鋭く対立し、緊張する労使関係において優位な立場を確保したいのであれば、様々

なルートを通じて情報を集めることが重要である。党とJR総連等は、特殊な互恵性により結ばれているといえよう。

＊【党関係者がJR総連の特別執行委員に就任】※（傍線は宗形）

JR総連は、平成二〇年六月の定期大会で役員を大幅に入れ替えた。注目されたのは、執行委員長、同副委員長、書記長の三役人事ではなく、JR総連の四茂野修執行副委員長、京力正明同副委員長ら五人が就任した特別執行委員の人選である。

その一人である小西富士雄委員ら三人〈宗形注〉小西富士雄、神保順之、浅野孝〉は、JR九州労（JR総連加盟）が一挙に約八割の組合員を脱退させ、JR九州労組（JR連合加盟）への加入を企てたことにより、党とJR総連・JR九州労が対立した平成一二年当時、JR九州労の事務所に乗り込み、同労組幹部を罵倒したとされる。

また、関係者によると、小西委員ら三人は、同年一二月三日に開催された党の「革共同政治集会」で特別報告を行い、JR九州労における組合員の大量脱退、JR総連による党の告発（元JR総連役員の行方不明事案をとらえたもの）を批判し、「革命的マルクス主義」（革マル派の革命理論）で「武装」することの重要性を訴えた（二〇〇〇年一二月一八日付け機関紙「解放」〈第一六四九号〉参照）。

JR九州労の事務所に押し掛け、さらに党の政治集会でJR総連を批判した人物が、JR総連の特別執行委員に就くというはなはだ奇怪な事態に対し、党やJR総連から納得ある説明はなされていない。

※（傍線は宗形）

JR革マルが抱える最大のジレンマは、労働組合としては党との関係を内外に否定しつつも、革命勢力としての「戦闘性」や「前衛性」を維持しなければならないことである。JR革マルにとっては、JR革マルと党との関係は、これが暴露されれば、組合員が離れ、組織が崩壊する危険もあることから隠しておかねばならず、一方で、その内部では「戦闘性」や「前衛性」を組合員に植え付け、発展させる必要もあり、その匙加減は難しい。
党側にいた人物がＪＲ総連の特別執行委員に就いたのも「戦闘性」や「前衛性」を高めながら、労使関係の緊張、組合対立の進行を始めとする「難局」に対処するためとみられるが、その一方、組合員向けの機関紙で盛んに党「批判」を展開しているのは、こうした匙加減の現れとも言える。※（傍線は宗形）
いずれにせよ、このような人事がまかり通る以上、党とＪＲ総連等の関係が「切れている」とはとても言えないであろう。

＊【ＪＲ革マルが一人残らず党から脱退した旨主張】

ＪＲ革マルは、党の同盟員でもあり、ＪＲ総連・ＪＲ東労組の組合員でもあるが、その人数はどの程度であろうか。党は、二〇〇〇年二月二八日付け「解放」（第一六〇八号）に植田議長の署名論文を掲載し、「たとえ、ＪＲ総連というひとつの労働組合の内部で数千名のわが同盟員が活動していたとしても、この労働組合組織がただちに革命党組織であるとはいい得ないのであって、このことは自明のことがらである」などと述べた。革マル派全体の現有勢力は五、四〇〇人とされ、この「数千名」はかなり誇張を含んだものとみられるが、かといって、数名や数十名といったものではなく、相当の規模を有しているとみられる。

前述の「松崎明　秘録」によると、対談相手から「ＪＲの労働者で今でも革マル派に残っている人もまだいるわけですか？」と尋ねられた松崎元会長は、「いないでしょう」と答え、「もう松崎さんがオルグした人で残っている人はいないですか」と重ねて聞かれても、「終わりだと思いますよ」などと曖昧に答えた。

普通の政治党派には規約があり、活動家が組織に加盟する場合の要件や活動家に対する処分等が規定されている。革マル派の場合、規約が公表されていないため、同盟員の加入や脱退に関する手順が定められているかどうかは明らかではないが、組織の規律や防衛が極めて厳しい同派のこと、厳格な要件と手続きが課されているとみられ、そんなにたやすく出たり入ったりできるとは到底信じ難い。

筆者はそのようなことはありえないと思っているが、松崎元会長の言うとおり、相当規模のJR革マルたる同盟員がすべて革マル派を脱退したと仮定すると、それは、一人一人が個々の意思に基づき脱退したのではなく、元会長が睨みをきかせながら組織的に脱退したことになるであろう〈注七〉。しかし、そのことは、とりもなおさず、元会長の党内における統制力や影響力の現れ、ということになる。

「党とJR革マルは切れている」との見解は、正しいと仮定した瞬間、元会長やJR革マルが意図するところとは裏腹に、直ちに党内における元会長の影響力の大きさを証明することになる、破綻した論理構造を有するものといえよう。

〈注七〉松崎氏は、「われらのインター〈第一〇号〉」（二〇〇八・六・一五）で、革マル派による内ゲバが理由で、「革マル、冗談じゃない」と、みんなで「松崎組になるのですけど、でもやっぱり革マルに党費を払っていたという事実がありますよ。」と述べた。

＊【党「批判」の本質】

松崎元会長の党内における影響力の大きさ、労働運動を有利に進めるためその影響力が行使されたと見られる事実を列挙した。このほか、JR総連の関係者らが役員を務め、反戦平和や環境、労働運動等を扱った月刊誌の編集・発行には、党関係者が関与しているといわれる。

筆者は、主として対外的に明らかになっている事実に基づき考察してきた。関係当局は、国会質問や質問主意書に対する答弁の中で、〝摘発した革マル派の非公然アジトの一部から押収した資料を分析するなどした結果、ＪＲ総連・ＪＲ東労組内に同派が相当浸透しているとみられる〟旨繰り返し答弁している。党とＪＲ総連・ＪＲ東労組が一体、密接不離といったただならぬ関係にあることが理解していただけるのではないか。

とはいえ、ＪＲ総連等による党「批判」が、「ＪＲ総連＝革マル派」を払拭するためだけに行われているかと言えば、やや正確さを欠くように思われる。

革マル派では、組織活動を行う上で犯した「誤り」について、指導部と下部組織の間や、フラクションや活動家の間で相互に批判や点検を行い、そのことを通じてより組織を強化するものとして「内部思想闘争」に取り組むことが奨励されている。したがって、ＪＲ総連等による党「批判」については、党との間で「内部思想闘争」を行っているとみることもできる。

また、理論優先の党に対するＪＲ革マルの平素からの不満を鎮めて組織固めを行うため、あるいは、松崎元会長の影響力の下で黒田前議長不在の党を換骨奪胎するため、党「批判」を繰り返している可能性もある。

ＪＲ総連等による党「批判」については、これをとらえて〝ＪＲ総連は党と切れている〟と信じ込むことは正しい態度ではないが、かといって、〝党との関係を払拭するためだけに行われている〟との見方も一面的に過ぎ、様々な意図が込められて、というのが筆者の結論である。

＊黒田前議長が平成一八年に死亡したことで、党内における松崎元会長の影響力は一層大きくなった可能性もあるが、将来においては、党とＪＲ総連等との関係が一時的に不安定さを増す局面もあるとみられる。

しかし、組織建設を至上のものとし、なりふりかまわずこれに邁進する革マル派のＤＮＡは着実に継承されるであろう。同派は、今後も、あらゆる局面においてそのＤＮＡが指示するところにしたがった振る舞いを見せ、とりわけ、党とＪＲ総連・ＪＲ東労組の間では、労働運動の戦術面で不可避的に起きる対立（夫婦喧嘩）を利用し、関係が絶縁したこと（離婚）を装うとの欺瞞戦術をとりながら、組織の維持・拡大に努めるものとみられ、十分な警戒が必要である。

塚田貴司氏のこの貴重な論考は、大変勉強になり、有り難かった。私は氏の見事な分析と見解のほとんど全てに賛成、同意である。

なお、私と親しかった細井宗一氏の死後に公然と始まった松崎による「細井批判」の際も同じように感じたのだが、『松崎明　秘録』における黒田寛一批判は、黒田氏の死後、安心して行われたようで、何となく後味が悪い。長生きした人間が勝ちということか。私としては、「松崎明」という人物の〝人間性〟そのものに疑義を呈したい気分なのだが、これはひがみだろうか。

四．『松崎明　秘録』への党革マル派の〝異常な沈黙〟への疑問と「宗形・仮説」

私は「ＪＲ東日本革マル問題」既刊五部作を通じて、「松崎とその追従者集団〈いわゆる『松崎チルドレン』〉」（＝「松崎組」）に対して、数々の批判や糾弾の記述を行った。そして、『続　もう一つの「未完の国鉄改革」』（高木書房　平成一七年刊）においては、

【わが国旅客鉄道輸送の基幹的重要企業、ＪＲ東日本の最大労組である「東労組」、この五万人を超す巨大労組が、たかだか数百人のＪＲ革マル派（＝ＪＲ産別革マル）の完全支配下にあることは歴然たる事実であります。この「断言」がもし間違っていたら、私はどのような責任でも取る覚悟です。】

とまで、絶対の自信を持って断言した。

『松崎明　秘録』を読み終えた今、「松崎組」の主張・見解と一八〇度異なる前掲の〝記述〟を、私はいささかも書き換える必要はない、と益々自信を深めた。

要するに『松崎明　秘録』でも、松崎は一方的に「言うだけ」（講演などで、私はこれを「うどん屋の釜」＝中は〝湯〟だけ、〝言う〟だけ、と称し、揶揄しているのだが）、「主張するだけ」で、首尾一貫性がなく、説得力が著しく欠けている。

ひと言で、私には「突っ込みどころ満載」の『松崎明　秘録』であったが、反論を書けば一冊の本になってしまうので、それは後日に譲り、ここでは私の最大の疑問であり、未だ誰一人として正面切って口にしていない重大な事柄について、塚田貴司氏の驥尾につき、一つの「仮説」を提示し、識者の方々のご検討を賜りたいと思う。

〈仮説〉「松崎明」は黒田死後の党中央を完全に抑えきった

『松崎明　秘録』は、先にその一部を紹介したように、革マル派初代議長・黒田寛一の労働戦線指導力を否定し、黒田の個人能力についてまで悪口ともとれる辛辣な批評を行っている。そして労働運動に関する党指導路線を真っ向から批判、否定している。

さて、読者の方々は、「黒田寛一が松崎攻撃をさんざん煽っておいて、後でこっそり詫びを入れてきた」趣旨だとか、その他『松崎明　秘録』で松崎に言いたい放題に言われて、あの唯我独尊、誇り高き「党革マル派」がひたすら〝沈黙〟していることに、何も感じないだろうか？　私は、不思議を通り越し、異常であり、奇怪であると思う。

で、考え抜いた挙げ句、私が二〇数年来の国鉄・JR革マル問題の観察経験に照らして到達した結論が〈**「松崎明」は黒田死後の党中央を完全に抑えきった**〉仮説なのである。

実は、「知る人ぞ知る」という話なのだが、平成四年ごろから平成七年ごろにかけて、いわゆる「沖縄革マル組織問題」をめぐり、革マル派は党中央、沖縄革マル派、ＪＲ革マル派が三つ巴になって組織大混乱を起こし、〝同派結党以来最大の危機〟（中核派機関紙『前進』の評）に陥った。

公安警察筋の情報によると、そもそもの原因というか、その背景には、労働戦線における「松崎路線」への評価の問題があり、平成元年（＝昭和六四年）、革マル派は春闘勝利労働者総決起集会を開催（日本橋公会堂）、党中央（＝黒田）が、〝組合主義的傾向〟を払拭するためにいわゆる「三・五提起」を行ったことに端を発したものだが、これに伴い、革マル派沖縄県委員長の宮城啓の指導方針が中央指導部から全面否定され、県委員長を解任された上、軟禁状態でその責任を追及されるに至って組織逃亡（平成六年）に及んだり、この間、党中央が宮城に代わる指導部を沖縄に派遣したが、仲原忠義（全軍労）以下の沖縄県委員会指導部の大半が党中央に反撥する行動に出るという由々しい事態となってしまった。

そこで、議長・黒田は、事態収拾のために、中央労働者組織委員会から国鉄出身の「トラジャ」二名（上野孝、浅野孝）を沖縄に派遣した。ところが、いわゆる「ミイラとりがミイラに……」で、上野、浅野の両名は仲原以下地元幹部の主張に同調、また中央に残っていた他のトラジャ（「国鉄改革」に際して松崎がＪＲ革マルから選抜して党中央へ送り込んだものだと言われる「〝トラジャ〟（土方）」は、当時、上野と浅野を含め七名前後であった模様）も、この動きに加担するようになった上、トラジャ指揮下にあるＪＲ産別指導部「マングローブ」をも巻き込み、〝反・党中央〟意識を煽り、機関紙『解放』の購読拒否やカンパの上納凍結などの事態にまで発展してしまった。

このような過程で、黒田が上野孝と電話で話し合うが、上野は黒田の言うことを聞かなかったり（平成五年八月末）、黒田の辞任を要求する文書が関西方面から解放社に届いたり（同年一一月上旬）、〝トラジャ会議〟が開かれ、「党中央がＪＲ東労組と沖縄県革マル派との交流を妨害したこと」への抗議として、「東労組本部として、ボーナスカンパを凍結する」ことを決定したり（同一一月末）、ＪＲ東労組本部と東京地本が年末カンパを凍結（同年一二月一一日）、ＪＲ東労組新潟地本と高崎地本が年末カンパを凍結（同一二月一二日）したり、など、様々なことがあったようだ。

また、党中央が「黒田からの提起」として、①沖縄問題は棚上げする、②事態を打開できなかった責任をとり議長を辞任する、などの内容を上野孝に伝えたり（平成六年二月下旬）、他方、ＪＲ革マル派は、「トラジャ会議」などを経てカンパ上納停止を決定。〝仲原擁護〟〝産別自決〟などを旗印に他産別フラクションメンバーへのオルグに乗り出す（同年四月上旬）、などの重大事態にまで立ち至ったという。更には黒田が浅野孝や、これも国鉄出身トラジャの大江支農夫に電話で対応の変化を要請したが拒否されたり（同年五月中旬）もあった末、五月二六日、黒田は、「トラジャ同志へ」と題する文書（γ文書）で、「議長を辞任する」との意思を表明したと言われている。

そして、まるで同年六月五日、六日開催のＪＲ東労組定期大会に合わせたかのように、平成六年六月六日付革マル派機関紙『解放』（第一三三二号）は、無署名論文「労働運動の展開上の偏向について」を掲載し、〝賃プロ魂注入主義一掃〟を訴えた。これは端的に言えば、黒田の「松崎路線支持」論文である。

その後も、党中央がトラジャ・浅野孝、上野孝、神保順之の三名を〝拉致監禁〟したり、浅野孝が〝組織逃亡〟したり、ＪＲ革マル派が「桜島作戦」と名付けて〝上野孝と神保順之の奪還計画〟を練ったり、などスリラー小説もどきの異様な話が多々伝えられているが、この位にしておく。

しかし、上記のことから判るように、革マル派による「坂入充氏拉致監禁事件」以前にも〝拉致監禁〟事件は起きていたわけで、『松崎明　秘録』で松崎が宮崎学氏に「うちのメンバーで、革マルに何年もパクられて事実上リンチをくってた者が何人もいるし、一人はオーストラリアへ逃げていって死んじゃったんです。目黒のさつき会館の入り口に碑がありますけどね」と語っているのはこの辺りのことを指しているのであろう。

革マル派のカリスマ議長黒田寛一がどうにもならなくなった「沖縄革マル組織問題」は、平成七年に入り松崎が本格的に収拾に乗り出したことによって、年末までにほぼ収まった。そして、平成八年一〇月一三日、革マル派「ハンガリー革命四〇周年政治集会」で、同派創設以来のカリスマ議長黒田の〝辞任〟と「植田琢磨」なるどこの誰とも知れない新人の〝議長就任〟が公表されたのであった。私は既刊書で、この革マル派政治集会を紹介し、あたかも「松崎讃歌」集会の趣があった……、というように記述した記憶がある。

ここで〝仮説〟に戻るが、私は黒田と松崎の勝負はこの時点で、「けりがついた」のだろうと思う。盲目・病身の黒田寛一革マル派初代議長は二〇〇五年（平成一七）六月二六日、埼玉県内の病院で死去したと伝えられる。

この間、党官僚というか、黒田信奉者たちの反抗なり、暗躍なりはあったであろうが、所詮松崎の敵ではない。何と言ってもキャリアが違う。革マル派創設者三名の一人であり、『松崎明 秘録』で「太田竜」がどうの、「本多延嘉」と三井・三池に行ったのがこうのと言われたら、ただ恐れ入るしかないだろう。なんと言っても、「実践・実戦経験豊富」、【六二年分裂（革共同第三次分裂）において、三人の政治局員、黒田寛一（山本勝彦・議長）、鈴木啓一（森茂・労対）、松崎明（動労）は革マルを組織した。なお、第三次分裂以前における政治局員十人のうち、革共同第一次分裂（五八年八月）の段階で革共同（探求派）に属していたのは、黒田さん、本多さん、白井さん、飯島さん、松崎さんの五人である。】（小野田襄二『革命的左翼という擬制 一九五八〜一九七五』）という華麗なるキャリアの持ち主に、黒田議長辞任後の党官僚が束になっても太刀打ちできよう筈がないのではないか。

おそらく、松崎にとって黒田議長退任から「黒田・死亡」を経て『松崎明 秘録』の刊行に至るまでの日々は、〝党中央を抑え、納得させるため、知恵と努力を傾けた日々〟だったのではないか。そして、華麗なキャリアと豊富な資金を持つ松崎はこれに成功した。

こう考えなければ、『松崎明　秘録』に対する「党革マル派の異常な沈黙」は説明がつかないのではなかろうか。で、私の推理が当たっていれば、その〝沈黙〟の代償はなんらかの方法による「活動資金」の継続的提供であろう。

党中央は、「花」（JR革マル派）を捨て（諦めて）、「実」（活動資金）を取る（＝『松崎明　秘録』刊行への明示または黙示の了承）。松崎は、そもそもの始まりから革マル派とは相容れない「松崎派（組）」であったのだということを〝公知〟のものとした上で、〝大左翼構想〟の中核としての地位を目指す。

ざっとこんなところだろう、というのが私の〝仮説〟である。

これはあくまでも〝仮説〟であって正しいかどうかは判らない。だが、私には今のところ、これしか考えようがない。願わくば、『松崎明　秘録』を読んだジャーナリスト有志の方々の中からどなたでも、私がなるほどそうかと思える別な見解がおありだったら是非ご教示願いたいものである。

最後にひとつ、『松崎明　秘録』の書評がさっぱり見あたらないのは何故だろうか、これも不思議だ。それと、先にも述べたように、細井宗一氏の場合もそう思ったが、松崎は、黒田寛一が死んでから悪口を言い出したように思われ、ちょっぴりフェアでないような気がするのだが……。

I．法廷の場で行われたJR総連・東労組の否定・反論・主張の基本モデル

私は平成一四年六月刊行の『もう一つの「未完の国鉄改革」』（月曜評論社）以降、ほぼ年に一冊の割合で計五冊もの「JR東日本革マル問題」批判の本を出してきた。そこで私が一貫して主張しているのは、平成一一年公安調査庁『回顧と展望』、同警察庁『焦点（革マル派特集号）』の指摘・警告及びこれに関連しての歴代警察庁警備局長の国会答弁、そして時の内閣総理大臣名「政府回答書」は〝正しい〟ということ、言い換えれば「JR東労組への革マル派勢力の浸透」「JR革マル派によるJR総連・東労組支配」は〝真正の事実〟だ、ということである。

これに対して、JR総連・東労組側は、私の本を「組織破壊本」と決めつけ、西岡研介氏著の『マングローブ』（講談社）と同様に、「事実無根」、「デマ・デッチ上げの羅列」、「読むに値しない紛（まが）い物」本、などと酷評している。

ところで、いわゆる「嶋田グループ」など、反松崎、反本部派の人びとを〝弾圧〟と〝制裁処分〟乱発などで次々と排除・放逐した結果、表面上は「〝異論〟がまったくない（＝許されない）」状態にあるJR総連・東労組役員たちの発言は、金太郎飴のように同じ内容の繰り返しである。しかもよく注意してみると、それらすべてが「最高権力者・松崎明の〝主張〟、〝講演〟、〝著述〟内容のコピー」であることに気付く。そして、彼らはそれを「一枚岩」と誇称するのだが、私に言わせれば「独裁者への盲従」であり、「自己保身に汲々たる茶坊主たちの〝卑小さ〟の現れ」以外のなにものでもない。要するに、「JR東日本革マル問題」批判に対するJR総連・東労組の組織見解としての〝弁明・反論〟なるものの実体は、七〇歳余の高齢にして今もなおJR総連・東労組の最高権力者であり続ける異形の労働組合指導者「松崎明」個人の〝弁明・反論・主張〟の代弁にほかならないのだ。

そして、当然ながらその基本モデルは、「法廷の場における陳述」、とりわけ一般的には事前リハーサ

ル充分な、「組合側代理人（弁護士）とのやりとり」の中に最も正確かつ体系的に表現されている。

内外の「ＪＲ東日本革マル問題」批判に対するＪＲ総連・東労組の組織としての正式な弁明・反論（くどいようだが＝最高権力者松崎明の弁明・反論）の基本主張、その典型モデルをここでじっくり聞かせてもらうことにしよう。それは、「ＪＲ東日本革マル問題」の〝問題点〟とその〝本質〟を理解するにあたって極めて有効だからである。そこでは、原告側、被告側双方が十分準備した「争点」をめぐるやりとりを通じて当該問題の本質、真偽が必然的に浮き彫りとなるからだ。

以下は、原告「東日本鉄産労（ＪＲ連合傘下）」（現「東日本ユニオン」）、被告「東労組（ＪＲ総連傘下）」とに関する「東京車掌区（掲示板）事件」東京地裁第七回口頭弁論（平成一二年一〇月三日）における千葉勝也・ＪＲ東労組本部書記長（当時）の証言記録の枠禄である。

同事件は、被告側が原告側の「組合掲示板」から無断でビラを剥ぎ取り、丸めて投げ捨てた事件であり、裁判結果は原告「東・鉄産労（ＪＲ連合傘下）」側が勝訴した。

①公安調査庁『内外情勢の回顧と展望』（平成一一年一月）について（※主尋問）

被告側代理人：今あなたが言われた公安調査庁の『内外情勢の回顧と展望』というのはこれのことですね。
千葉勝也証人：はい、そうです。
被告側代理人：この文書の中で、革マル問題について触れていますね。
千葉勝也証人：はい。
被告側代理人：どういうことから、こういうような公安調査庁の見解が発表されるようになったのか、あなたがもし理解しているところがあればお話しください。

千葉勝也証人：幾つか私はあると思うんですが、一つは、やはり私たちJR東労組の労働組合としての運動、そのことをよしとしない意思が働いているような気がします。当然、労働組合ですから、働く組合員の労働条件を守るというのが第一義のことでありまして、そのような闘いは当然行ってきておりますけれども、同時に私たちはそういう働く者の幸せというのは平和な社会がなければならない、平和な社会が前提だという認識でおりまして、そういう意味では平和運動というものにも力を入れてきています。

例えば戦争という悲惨な現実が過去にあるわけですけれども、そのようなところを平和研修という形で現地に行って、沖縄や中国やいくつかのところを訪ねて、当時の戦争に生き残った皆さんからの生の声を聞いて、二度と悲惨な戦争を起こしてはならないという決意を打ち固めてくる、そういう研修ですとか、それから特に最近記憶に新しいところでは、昨年のガイドラインの関連法案が国会を通過しようとしていたときに、連日国会前に行って抗議行動を行ったりというようなこともしてまいりました。

そのような、平和を希求するというふうに私たちは呼んでいますが、平和を希求する運動をよしとしない、こういった意思がそこにははらまれているのではないかという気がします。更には二つ目ですけれども、やはり今からさかのぼってみれば、その『回顧と展望』が出て以降、連続して私たちに対する革マルキャンペーンというのがトーンを高めたというようにも思ってまして、そう言う意味ではこの『回顧と展望』を突破口にして、東労組に対するいわれなき革マルキャンペーンというものの出発点を、この『回顧と展望』はなしたのではないかという認識でおります。

もう一つは、これは幾つかのマスコミの報道などでも見たわけですけれども、公安調査庁そのものの存在意義が問われていたのではないかということですね。つまり破防法の規定によって、破壊的団体の調査というものを遂行する、そういうことが任務としてある公安調査庁だと思いますけれども、しかしながらリストラの対象官庁になっているというような表現などで報道されてもいました。市民運動や住民運動をしているような、全く破壊的団体とは関係のないところまで捜査の対象を広げているというようなことを見ますと、そういう意味では何としても公安調査庁の存在意義を示したかったということが、一方ではあるのではないかというように私は思っています。

②いわゆる「松崎・コペ転」（偽装転向）問題について（※主尋問）

被告側代理人：次に松崎さんの件で、革マル派を離脱した時期、経緯、理由、更には離脱に対する同派の反応について、何ら述べるところがないというのが原告の指摘なんですが、これについてはどういうふうにお考えですか。

千葉勝也証人：まず私自身は、直接松崎さんから革マル派を離脱した時期とか理由とか、そのようなものを聞いたことはありませんので、そのことについてははっきり分かりません。しかしながら、松崎さんの著書で『鬼が撃つ』という本があるんですが、その中でたしか一九七八年ぐらいですかね、いわゆる松崎さんが所属している旧組織動労が貨物をストライキの対象から外すと、そういう貨物安定宣言をしたことがありまして、そのことをめぐって革マル派から相当突き詰められたといいますか、問題にされたというような記事を読んだことがありますが、それ以上でも以下でもありません。

それに対してどう思うかということですけれども、私自身は例えば松崎さんが、いつ、この時期に、こういう理由で革マル派をやめましたというように言わないから革マルだというような論調はおかしいんではないかと。じゃあそういうことをいちいち言わなければ、やめた又は革マル派ではないというふうにならないのかと、言わなければ逆に革マルなのかというような論調が成り立つんではないかと思うんですね。

逆に言えば、様々立派な著名な方々にも過去、日本共産党員として活躍した方もたくさんいらっしゃいまして、そういう方は財界とかにもいらっしゃると思いますけれども、そういう方々が、いつやめたかということをはっきり言わないから、だから今でも日本共産党員なのかというようになると、そうではないと思うんですね。ですからそういう意味で、はっきり言わないから問題だとか、だから革マルなんだというような主張は、極めて横暴な主張だというふうに私は思います。

被告側代理人：あえて名前は聞かないけれども、誰もが知っている財界人の中にも、そういう人がいるということですね。

千葉勝也証人：そうですね。

被告側代理人：それからマスコミ関係にも、だれもが知っている人がいらっしゃいますね。

千葉勝也証人：そうですね。

被告側代理人：名前を言えば言えるけれども、あえて言わないということでいいですね。

千葉勝也証人：はい。

③ＪＲ東労組の歴代委員長名と本部役員の出身母体など（※主尋問）

被告側代理人：ＪＲ東労組の歴代委員長名と、その出身を答えてください。

千葉勝也証人：初代の委員長は松崎明で、国鉄時代の労組は動労です。二代目が菅家伸、旧鉄労の出身です。三代目が柚木泰幸、これは旧全施労です。そして四代目、現在ですが角岸幸三、これは旧動労です。

被告側代理人：現在の東労組の役員の出身母体はどうなっていますか。

千葉勝也証人：東労組本部の中央執行委員は現在三五名おりますけれども、二三名が旧動労に所属していた者です。そのほかは鉄労、国労だった人、鉄産労だった人、鉄輪労という管理者だった人、そのほか旧労組に関係のない、ＪＲになってから採用された方も含めましていますが、その方たちは二名から三名という、一桁の少ない数であります。

被告側代理人：旧動労出身者が多いわけですが、その理由についてお話しください。

千葉勝也証人：理由は特にないんだと思いますね。あんまり考えたこともありません。ただ、定期大会という労働組合にとっての最高の決議機関がありますけれども、その場で代議員の承認を得て、正式な手続きを経て中央執行委員に選出されておりますので、別に何が多いというのは結果論でして、余り意味のないことだと思いますけど。

④「内ゲバ」事件について（※主尋問）

被告側代理人：本件訴訟で、原告が盛んに内ゲバ問題と称していろいろ主張されているんですが、これは東労組若しくはＪＲ総連としては、内ゲバではないという主張ですよね。

千葉勝也証人：そうです。

被告側代理人：その理由をお話しください。

千葉勝也証人：内ゲバというのは、いわゆる一定のセクトどうしの殺し合いとか傷つけ合いとか、そういったのを指すんでしょうけれども、私たちは労働組合でありまして、労働組合の役員に対する襲撃、大変恐ろしいことだと思いますが、そのようなことがなぜ内ゲバなのかということですね。つまりセクトにも何も関係のない、そういった者が襲撃をされるということをもって内ゲバであるというような認識には、私たちは立たないということであります。

被告側代理人：原告のほうで、原告が言う内ゲバ問題について、革マル派とJR総連若しくはJR東（労組）の見解が同じだというような指摘があるんですが、そういうことを検討したことはありますか。

千葉勝也証人：いや、ありません。別に必要のないことですから。

⑤公安調査庁『内外情勢の回顧と展望』（平成一一年一月）について〈パート二〉（※反対尋問）

原告側代理人：今、文春など、その他の雑誌類との争いの話が出ておりましたね。

千葉勝也証人：（うなずく）

原告側代理人：今回の公安調査庁報告ですが、これは公的な機関ですけれども、こういう公的な機関から、そこに書いてあるような指摘がかつてなされたことがありますか。

千葉勝也証人：私は記憶しておりません。

原告側代理人：一般的にこの種の問題に何か言うとすれば警察、あるいは管轄官庁としての運輸省、ここでは公安調査庁ですけれども、などというところが一応想定できるんですが、そういうところから今まで革マルとの関係を指摘されたことはないというふうに理解してよろしいですね。

千葉勝也証人：記憶にありません。

原告側代理人：今回は公安調査庁という公的な機関が調査して公表したわけですから、今までのようなプライベートなジャーナリズムがやったこととは大分局面を異にするというふうに思われるんですが、あなたの御理解はそうではないわけですか。
千葉勝也証人：はい、私はそうは思っておりません。
原告側代理人：このような報告をするについて、どういう根拠、どういう理由で書いたのかという説明を公安調査庁から受けておりますね。
千葉勝也証人：東労組としてですか。
原告側代理人：ＪＲ総連としてで結構です。
千葉勝也証人：はい、抗議行動の中身ですね。
原告側代理人：（乙第八号証を示して）一九九九年三月五日に公安調査庁に抗議された際のいきさつを書いたメモのようですが、これは作成者が書いてないんではっきりしないんですが、ＪＲ総連か、あるいはその席におられた方が作られたものと理解してよろしいんでしょうか。
千葉勝也証人：そうだと思います。
原告側代理人：もちろん御覧になっておられる。
千葉勝也証人：はい。
原告側代理人：下から七、八行目辺り、「公安」という表現で、労働組合を調べたんではないと、「豊玉、厚木、北陸など革マルのアジトを捜査したが、そこに」うんぬんと、「これらを調査・検討した結果だ。」というふうに書いてあるわけですが、そうなりますと、今までのプライベートなジャーナリズムが言っているのとは違うとはお考えにならなかったんですか。
千葉勝也証人：どこがどう違うんですか。
原告側代理人：それなりの根拠をもって、捜査結果という根拠をもって述べているんだというふうにはお考えにならなかったのですか。
千葉勝也証人：そうは考えていません。

原告側代理人：そこに「豊玉、厚木、北陸などのカクマルのアジトを捜査したが、そこには偽造の（警察）手帳、鍵、警察無線を盗聴する機器、五千本のテープ」なんて書いてありますが、これは先ほど出ておりました警察庁の報告の『焦点』に出ている、それに対応する事実ということでよろしいんでしょうね。

千葉勝也証人：いや、私は分かりません。

原告側代理人：読んで、余り関心がなかったということですか。

千葉勝也証人：はい。

原告側代理人：どうやら東労組としては、この公安調査庁報告は事実ではないというお立場を執られているようですね。

千葉勝也証人：そうです。

原告側代理人：事実無根という表現があなたの書面にも出てきますから、そういうお立場だと理解をしてよろしいんでしょうね。

千葉勝也証人：はい、そうです。

原告側代理人：（甲第一一号証を示して）一八ページの真ん中辺りに、「労働運動の分野では、最大の牙城といわれるJR東労組において、今夏開催の同労組中央本部・地本定期大会で、同派系労働者多数が組合執行部役員に就任するなど、同労組への浸透が一段と進んでいることを印象付けた。」というふうに書いてあるわけですから、あなたが事実無根と言われた場合に、そのうちのどの部分を事実無根だとおっしゃっておられるんですか。

千葉勝也証人：これは、革マル派が東労組の執行部に就任しているという意味ですよね。

原告側代理人：そういうふうに読めますね。

千葉勝也証人：そのようには私どもは読めませんということです。

原告側代理人：それは事実ではないというふうにおっしゃるわけですね。
千葉勝也証人：はい、そういうことです。
原告側代理人：ところで革マル派という組織は、だれが革マル派のメンバーか公表しておりますか。
千葉勝也証人：分かりません。
原告側代理人：分からないという意味は、そうであるかどうかを知らないという意味ですか。それとも名前は分からないという意味ですか。
千葉勝也証人：そうであるかどうかも分かりません。
原告側代理人：一般的には、非公然組織だと言われていることはよろしゅうございますよね。
千葉勝也証人：そうでしょうね。
原告側代理人：ある人が革マル派のメンバーかどうかということは、東労組としては知りようがない事実じゃないですか。
千葉勝也証人：知りません。
原告側代理人：知りようがない事実、つまり調べても分からない事実ではないかという趣旨です。調べ方がありますか。
千葉勝也証人：ないと思います。
原告側代理人：そうすると、あなた方は事実無根と言うけれども、事実無根かどうかさえ分からない、（東労組内部に革マル派が）いるのかもしれないし、いないかもしれないということと違うんでしょうか。
千葉勝也証人：そういう仮定の論議はちょっとできないですね。
原告側代理人：仮定の論議をしているつもりはありません。分かるんですかという質問をしているんですよ。

千葉勝也証人：だれだれが革マル派かということですか。そんなことは分かりません。
原告側代理人：東労組でも分からないわけですよね。
千葉勝也証人：分かりません。
原告側代理人：あなたは事実無根だと言われたけれども、事実無根かどうかも分からないというのが正確な答えじゃありませんか。
千葉勝也証人：そのようなことはないと思います。そもそもここに書かれていることは事実無根だということです。
原告側代理人：甲第一一号証の一八ページの「今夏開催の」というのは、これは一九九九年一月の文書ですから、一九九八年のことを言ってるんだろうと思いますが、文章の読み方としてはそれでよろしいのでしょうね。
千葉勝也証人：そうでしょうね。
原告側代理人：「中央本部・地本定期大会で、同派系労働者多数が組合執行部役員に就任」という事実は、あなたは違うとおっしゃるけど、どうやって調べましたか。
千葉勝也証人：私たちは労働組合なんですね。それで、労働組合として組合員の信任を得て、規約、規則にのっとって、それで役員は決まるわけですね。その方たちが革マル派系ということは、ここにいろいろ書いてますけども、私たちはそのような事実はないというふうに認識しているということです。
原告側代理人：私の質問は、調べたかという質問なんですが。
千葉勝也証人：調べません。
原告側代理人：例えばあなたは革マルかとか、そういうことをお聞きになったことはないわけですね。

千葉勝也証人：そういうことはやりません。
原告側代理人：聞いても答えない事項だというふうにはお考えになるでしょう。
千葉勝也証人：いや、それは分かりませんけれども、必要のないことだと思います。
原告側代理人：先ほどあなたは主尋問に対して、革マル派という組織のことをおっしゃってましたね。反社会的存在であるとか過激派であるという表現を使っておりましたが、それは一連の新聞報道とか、あるいは文書とか、いろんなものがあると思いますけれども、そういう中で形成された認識ということなんでしょうね。
千葉勝也証人：そういうことだと思います。
原告側代理人：あなたがそうおっしゃったから伺ったんですが、それでよろしいわけですね。
千葉勝也証人：はい。
原告側代理人：そうすると、東労組の中にたくさんの革マル派の活動家が入り込んでいるとすれば、これは東労組にとって好ましい事態なんですか。
千葉勝也証人：仮定の質問に答えるつもりはありません。
原告側代理人：そうすると、あなたは先ほど反社会的だとか過激派だとかおっしゃったわけだから、一般論としては、そういう人々が組合の中枢にいるような事態は好ましくないと考えるんじゃないんでしょうか。あなたはそう考えないというんですか。
千葉勝也証人：そういう仮定の質問に答えるつもりはないです。
原告側代理人：少なくとも、公安調査庁がこれだけの事実を指摘しているわけですから、これは単純な仮定じゃないんじゃないでしょうか。
千葉勝也証人：公安調査庁に対する認識、又はこの『回顧と展望』が出された背景というものを私なりに先ほど述べたつもりですので、今ほどから言われている、公的機関である公安調査庁が出したものだから、だからそれは正しいんだということを前提とした質問ですけれども、当然そこには根本から食い違いがあります。

原告側代理人：公安調査庁というものがやっている限り、初めから何の信憑性もないと、一切そのことに耳を傾ける必要はないんだというお考えですか。

千葉勝也証人：はい、そう思っております。

原告側代理人：ところでこの公安調査庁報告ですが、抗議したということで、先ほど抗議の書面がございましたから理解はしておるつもりですが、公安調査庁に対して、こういう不当な、事実に反することを公表することはけしからんということで損害賠償等の訴訟を起こしましたか。

千葉勝也証人：起こしておりません。

原告側代理人：刑事告訴はいたしましたか。

千葉勝也証人：しておりません。

原告側代理人：黒野運輸事務次官が、公安調査庁がこれだけのものを書くには相当な確証があった上でのことだと思うというふうにこれを裏付けているんですが、この黒野さんに対して、あるいは所属官庁である運輸省あるいは国家に対して何らかの措置を講じましたか。

千葉勝也証人：記憶ではちょっと定かじゃないですけれども、多分運輸省に対して、運輸大臣に対しても、ＪＲ総連から同様の抗議をしたと認識しています。

原告側代理人：訴訟は起こしましたか。

千葉勝也証人：起こしておりません。

原告側代理人：刑事告訴はいたしましたか。

千葉勝也証人：しておりません。

原告側代理人：その後の流れで、先ほどのあなたの証言の言葉をそのまま使えば、これが出てから東労組革マルというキャンペーンが始まったと、こういうふうにおっしゃっておられましたけれども、基はこの公安調査庁報告にあるわけですね。これをどうしてほうっておくんですか。

千葉勝也証人：いえ、これが出てから革マルキャンペーンがより過熱化したということでありまして、東労組革マルということはその前から言われてきております。

原告側代理人：いずれにしてもこれだけのものが出て、また一段と大騒ぎになっているのに、基であるところのこの問題に対して、どうして告訴したり訴訟を起こしたりしないんですか。

千葉勝也証人：それは公安調査庁に対する認識がありますね。

原告側代理人：どういう認識ですか。

千葉勝也証人：先ほど言ったとおりですね。

原告側代理人：民事訴訟を起こして、名誉毀損であるというふうに訴えられたらいいと思うんですが、どうしておやりにならないんですかと聞いているんです。

千葉勝也証人：それはこちら側の判断です。

原告側代理人：その判断の内容を聞いているんですよ。

千葉勝也証人：公安調査庁のこの発表に対する見解は、一番最初に言いましたよね。そこには何らかの意図があるというふうに私どもは思っているわけでありまして、ですからわざわざ裁判所に訴えてやっても、それ自身、余り意味のないことだというように認識したからです。

原告側代理人：率直に言うと、たくさんの資料が押収されているから、法廷で明らかにされちゃ困るということと違うんですか。

千葉勝也証人：全然そんなことはありません。革マル派から持っていった証拠のことでしょうけど、全然そんなことはありません。

原告側代理人：東労組と革マルとの結び付きがあるような論議というのは、やはり東労組としては好ましくない、困るという立場ですか。

千葉勝也証人：困るとかじゃないです。真実じゃないということです。したがって、そのようなあらぬキャンペーンを張って、東労組それ自体をいかにも悪であるかのように仕立て上げるということについて、我々は遺憾であると、許せないと、そういう姿勢だということです。

原告側代理人：そうすると、革マルと関係があるということ自体はさして大きな問題じゃないと。それが事実に反しているから問題であると。

千葉勝也証人：そのようには言ってません。

原告側代理人：最近、革マル派とあなたのほうの組合との間でトラブルが少しあるということが言われてますが、いろいろな文書がやり取りされているようですね。

千葉勝也証人：文書のやり取りとは何を指してますか。

原告側代理人：『解放』という革マル派の機関紙にいろいろ書いたり、またあなた方のほうがそれに反論したりというようなことをやっておられますね。

千葉勝也証人：『緑の風』とか、そういうことですか。はい。

原告側代理人：この中の植田琢磨という人の署名入りの文書ですけれども、上から六段目のところに「ＪＲ総連というひとつの労働組合の内部で数千名のわが同盟員が活動していたとしても」という表現がありますよね。これはあなたのほうではどういう受け止め方をされましたか。やはりいるのかという表現ですか、それともこんなことじゃ分からないという受け止め方ですか。

千葉勝也証人：革マル派が勝手に書いてるんじゃないですか。

原告側代理人：そうすると、革マル派が勝手に書いたんだから、うちにはそんなことはないという判断をなさったということなんですね。

千葉勝也証人：でしょうね。

⑥「内ゲバ」事件について〈パート二〉　（※反対尋問）

原告側代理人：話は変わりますが内ゲバの関係、東労組が結成されてから、組合役員の何人かの方が襲撃事件に遭ってますすね。
千葉勝也証人：はい。
原告側代理人：まず、昭和六三年に高崎地本の委員長の松下さん、この方が襲撃されてますね。平成元年には東労組の水戸地本の組織部長の加瀬さん、この方が襲撃されてますね。同じ年にＪＲ総連の総務部長の田中さん、平成三年には水戸地本の組織部長の湯原さん、平成七年には本部情宣部長の一石さんですか、この方が襲撃されているわけですね。
千葉勝也証人：はい。
原告側代理人：この方たちは皆さん、旧動労の方ですね。
千葉勝也証人：そうです。
原告側代理人：一石さんは現在も情宣部長をやっていらっしゃる。
千葉勝也証人：そうです。
原告側代理人：それで、この件全部について、警察、マスコミは内ゲバ事件として取り扱っている。
千葉勝也証人：そのように報道したということですか。
原告側代理人：はい。
千葉勝也証人：はい。
原告側代理人：警察も発表している、それは間違いないですね。
千葉勝也証人：はい。
原告側代理人：これは中核派あるいは革労協がやったということのようですね。

千葉勝也証人：いや、知りません。そのように報道されているということですね。
原告側代理人：要するに報道内容としては中核派、あるいは革労協なんかも入ってますね。
千葉勝也証人：そのように報道されているということです。その報道については認識してます。
原告側代理人：一部事件については、中核派の機関紙『前進』の中でも、中核派がやったという犯行声明を出していますね。
千葉勝也証人：それは存じておりません。
原告側代理人：この件に関して東労組は、内ゲバではないというふうにおっしゃっている。
千葉勝也証人：（うなずく）
原告側代理人：じゃあ、犯人はどういう人だというふうにあなたたちは考えていらっしゃいますか。
千葉勝也証人：何者かは分かりません。
原告側代理人：なぜ、そういうふうに言えるんですか。
千葉勝也証人：逮捕された形跡はないからです。
原告側代理人：以前に逮捕されてないということが、絶対に逮捕されることのないというふうになりますか。
千葉勝也証人：でも、この間何度もこういうものが起きていますけれども、こういうことに対する犯人が捕まったというのは、非常にレアなケースを除いてはないと思いますね。それから、こういう細かいことまでは立ち入りたくないですけれども、非常に悠々と組織立ってやられてると。その場に居合わせた方から見れば、ある種の余裕も感じられると。そういう状況の中では、逮捕されないということがやっぱりあるのではないかという、それは我々の憶測ですね。そういうことです。
原告側代理人：そういう人たちは、具体的に言えばだれだというふうにお考えなんですか。

千葉勝也証人：分かりません。
原告側代理人：国家権力ではないんですか。
千葉勝也証人：そのようには言っておりません。分かりません。
原告側代理人：要するにあなたとしては、絶対逮捕されることのない者だというふうに思っているけれども、具体的にはだれか分からないという証言でいいですね。
千葉勝也証人：はい、そのとおりです。
原告側代理人：じゃあ、革マル派がどういう見解を持っているかは、あなたは御存じない。
千葉勝也証人：分かりません。
原告側代理人：今までしらべようとはしませんでしたか。
千葉勝也証人：はい。
原告側代理人：一部から、被害者が革マル派の人間だというふうに言われていたわけですね。
千葉勝也証人：分かりません。
原告側代理人：一石さんは、中核派からそういうふうに言われてませんでしたか。
千葉勝也証人：どうでしたか、分かりません。
原告側代理人：革マル派がどういう見解を持っているとか、そういうことについてはあなたは調べなかったと。
千葉勝也証人：はい。
原告側代理人：あなたたちの東労組が、従来から革マルの影響力が強いと言われている根拠として、内ゲバ事件に対する対応が特異であると、そういうことを聞いたことはありませんか。
千葉勝也証人：それはＪＲ連合とか、いわゆる鉄産労とかグリーンユニオンとか、そういったところの情報といいますか、そういう送られてくるものでは見たことはありますよ。

原告側代理人：そういう情報があったにもかかわらず、その革マル派の見解を、あなたとしては余り調べてないわけですね。
千葉勝也証人：はい、調べておりません。
原告側代理人：先ほどあなたの主尋問で、内ゲバについての質問に対してお答えのあった中で、セクトに関係のない労働組合役員が襲撃されることを内ゲバというのは私はおかしいと思うというふうにおっしゃいましたね。
千葉勝也証人：（うなずく）
原告側代理人：セクトに関係があるかないか、先ほど例をずっと出してお話を聞きましたが、セクトと関係ないんですか。
千葉勝也証人：関係ないと思います。
原告側代理人：どういう調査をなさいましたか。
千葉勝也証人：また同じような質問ですが、調査はしておりません。
原告側代理人：していないけれども、あなたはセクトに関係ないと、ここで証言になったということですね。
千葉勝也証人：はい。ただ、私もそういう襲撃をされた方たちとはもちろん面識があります。労働組合の出身も同じ組織でした。ですから長年、その先輩方ともお付き合いをさせていただいております。一緒に組合員のために労働運動をやっていると、その献身的な姿というものを見たときに、一つのセクトの方針に基づいてやっているような方だとは私は思えないと、そういうことであります。

⑦公安調査庁『内外情勢の回顧と展望』（平成一一年一月）について〈パート二〉（※主尋問）

被告側代理人：公安調査庁の『回顧と展望』が発表されたのが平成一一年の一月ですよね。
千葉勝也証人：はい。
被告側代理人：この当時の東労組の委員長は、先ほどのお話だと柚木さんでいいんですよね。
千葉勝也証人：九九年ですね、はい、そうです。
被告側代理人：柚木さんとは付き合いは長いですよね。
千葉勝也証人：長いです。
被告側代理人：彼は革マルですか。
千葉勝也証人：違います。
被告側代理人：その当時の書記長であった嶋田さん、彼ともあなたは組合運動を通じて付き合いは長いね。
千葉勝也証人：長いです。
被告側代理人：彼は革マルでないと断言できますか。
千葉勝也証人：できます。
被告側代理人：組合執行部で言えば、あと副委員長がいますよね。その副委員長の中に革マルだと思われる人はいますか。
千葉勝也証人：いません。
被告側代理人：現在の委員長の角岸さん、彼とも付き合いは長いですね。
千葉勝也証人：長いです。
被告側代理人：彼は革マルですか。
千葉勝也証人：違います。
被告側代理人：その他、今副委員長をやっていらっしゃる方の中に、そういう方はいますか。

千葉勝也証人：いません。
被告側代理人：それはあなたの長い、一〇年、二〇年の付き合いの中で分かりますね。
千葉勝也証人：分かります。
被告側代理人：断言できますね。
千葉勝也証人：断言できます。

本章の①〜④は、被告側代理人（弁護士）による「主尋問」、つまり味方同士のやりとりだから、事前の準備、リハーサル十分だったようで、証言台に立った千葉勝也・東労組書記長は理路整然、組織の統一見解である〝松崎理論〟を滔々と述べまくっている。

ところが、⑤と⑥は、訴訟提起した原告側代理人による「反対尋問」であったため、一転、しどろもどろ、支離滅裂な論理展開となってしまった。この対比がなんとも可笑しい。

解説抜きで、読者の皆さんに勝負判定の軍配をお任せするのが最も効果的と思うのだが、「あまりにも問題な箇所」に限定して、私の感想も少々述べさせていただく。

③で千葉氏が、本部役員構成比に占める旧動労出身者の圧倒的な勢力分布について、「理由は特にないんだと思いますね。あんまり考えたこともありません。ただ、定期大会という労働組合にとっての最高の決議機関がありますけれども、その場で代議員の承認を得て、正式な手続きを経て中央執行委員に選出されておりますので、別に何が多いというのは結果論でして、余り意味のないことだと思いますけど」と、特に問題視されるべきものでないとの態度であるが、これはそんな低次元のはなしではない。

国鉄分割・民営化当時の動労と鉄労の勢力比はほぼ互角だった。いやむしろ鉄労の方が若干多かったとも言える。そして、当時、鉄労京都大会の場で、松崎が暴力行為など、動労組合運動の過去の悪行を謝罪し、「これからは鉄労運動を見習って共に進みたい」趣旨の殊勝な挨拶をしたことは周知のことだ。有名ないわゆる「松崎のコペ転」演説である。ところが最近のＪＲ東労組本部役員比率は、動労系二三名に対し、鉄労系がたった二名しかいない。しかも、この二名は管理者の組合組織（かんり部会）から出た者なので、実質的には「二三対〇」と見て然るべきなのだ。だからして、ＪＲ東労組の実態は、「松崎明」とその信奉者たち＝「松崎組」、いわゆる「ＪＲ革マル派」による〝一党独裁〟体制が確立しているのである。その結果、あたかも「共産党の一党独裁による言論統制下にある中国」のごとく、ＪＲ東労組もまた「松崎組」の一党独裁による厳しい言論統制下に置かれてしまっている。ＪＲ東労組役員たちの発言が、金太郎飴のように同じ内容の繰り返し、「松崎明見解・主張の拳々服膺」に終始するのはこのためにほかならない。

そしてこれとの関連で、私が看過できないのは、【（松崎前顧問は、）七月三〇日、ホテルエドモントに角岸委員長、石川副委員長、本間業務部長を呼び出し、六・七林レポートを出して「これがすべてだ。嶋田の委員長代行を外す。阿部の局長を外す。嶋田の後は石川やれ、阿部の後は本間がやれ」と通告し、角岸委員長を「その方向で……」と承知させたのである。】（嶋田邦彦『虚構からの訣別』編集委員会）との生々しい暴露記述が典型的に示す松崎による〝組合役員人事の私物化〟と〝組織運営規程の無視、形骸化〟、言い換えれば「非民主的な〝東労組〟組織運営」の実態である。

「定期大会という労働組合にとっての最高の決議機関がありますけれども、その場で代議員の承認を得て、正式な手続きを経て中央執行委員に選出されておりますので……」と、いくらもっともらしく〝証言〟したって、「松崎明」の〇二・七・三〇「ホテル・エドモント」指令（通告）の方が〝絶対優先〟の組織なので、まったく意味のない話なのである。松崎・東労組の組織運営実態からして、千葉勝也証言は「きれい事」どころか、「絵空事」、もっと言えば「大ウソ」なのだ。ＪＲ東労組の実態・実体は「松崎明」の〝私物〟と化していると言っても決して過言ではない。

それにしても、⑤と⑥の、「反対尋問」に対する千葉勝也証言はあまりにもお粗末、酷すぎる。

味方弁護士の「主尋問」への雄弁が、「反対尋問」へと代わった途端に、「記憶にない」「分からない」「そうは考えない」「調べない、調べる必要がない、調べるつもりもない」の連発で、理屈も何もあったものではない。〝毒餃子〟事件ではないけれど、先ず「否定」から始まり、〝デマ〟だ〝デッチ上げ〟だと言い張り、「絶対非を認めない」どこかの一党独裁国官僚たちの言動をほうふつとさせるものがある。

そして締めくくりは⑦で、再び主尋問。息のあったバッテリーで、水を得た魚のように元気になったのはよいが、そもそも革マル派かどうかは、「本人以外は知りようがない秘密組織」の筈。なのに「調べる手段がなく」、「調べる必要性も認めず」、実際「調べもせず」して、神聖なる証言台でこんな〝断言〟を連発して本当に大丈夫なのだろうか。どこからそんな自信と確信が出てくるのか不思議だ。

例えば、千葉勝也証人は嶋田邦彦氏について、「彼は革マルではない」と断言したが、同氏が敬愛するボス・松崎元会長は、「嶋田は革マルだ」と証言（〇九・一・二六　東京地裁）している（後出の「第Ⅳ章一項」参照）。これは一体何なのか⁉「仲間ならば秘密を守るが、仲間でなくなれば、秘密をバラす」、ということなのだろうか⁇

最後に敢えて言っておくが、私はこの千葉勝也書記長証言はかなりの部分につき、「〝偽証〟の疑い濃厚」だと思っている。その人物、千葉勝也氏が昨年（平成二〇年）六月の大会で、石川尚吾氏の後を受けて、JR東労組委員長に就任した。私の目には、松崎が遂に「〝背水の陣〟を敷いた」かのように映るのだが、この辺りのことについては後の章で述べることにしたい。

Ⅱ．「〃疑惑〃の時代」と「〃事実〃判明の時代」に発生した重要な出来事

一．「ＪＲ東日本革マル問題」の公的顕在化〈平成一一年（一九九九年）〉

とかくの噂は絶えなかったものの、ＪＲ発足以来、深い闇に包まれたままだった「ＪＲ東日本革マル問題」が公的機関の警告的発表によって明るみに出て来たのは平成一一年（一九九九年）一月である。

周知のように、このとき、公安調査庁は恒例の年次報告書【内外情勢の回顧と展望】を発表し、「……**一方、労働の分野では、**（革マル派の）**最大の牙城といわれるＪＲ東労組において、今夏**〈注、平成一〇年夏〉**開催の同労組中央本部・地本定期大会で、同派系労働者多数が組合執行部役員に就任するなど、同労組への浸透が一段と進んでいることを印象付けた**」と〃ＪＲ東労組〃なる固有労働組合名を明記して、ＪＲの内外に大きな衝撃を与えた。

また、黒野匡彦運輸事務次官（当時）は、一月七日の年頭記者会見の場で、これに関する記者質問に対して、

「今までこの種の問題で『ＪＲ東労組』という固有名詞が出たことはなかったのに、初めて出た」、「（東労組に関する革マル疑惑問題に関しては）、これまでいろいろな噂話は入っていたにせよ、自分としては『まさか』と思っていたのだが、公安調査庁として今回ここまで踏み込んで書いたということは、それなりの確信・確証に基づくものであろうから、一言で言えば、『大変残念』という気持」

と強い遺憾の意を表明した。

加えて、警察庁もこの年の警察庁広報誌『焦点』（平成一一年通巻二五八号）を、異例の革マル派特集号【過激派集団　革マル派　～見えてきた　その正体～】として発行、公安調査庁【内外情勢の回顧と

展望】と同一のスタンスで足並みを揃えた。

警察庁『焦点』（二五八号）は、「～はじめに～」の中で、

「**本号では、表面上暴力性を隠して、組織拡大に取り組む一方、住居侵入や電話盗聴等の違法行為を敢行し、これに対する警察の摘発や取締活動があたかも正当な政治活動に対する弾圧であるなどと主張する革マル派にスポットを当て、その陰湿な党史や非合法な手段、方法による様々な調査活動等の実態を紹介していきます**」

と、特集号刊行の意図を説明、「革マル派とは」、「内ゲバで血塗られた党史」、「各界各層における組織拡大工作」、「荒唐無稽な権力謀略論」、「陰湿・巧妙な電話盗聴手口」、「非公然アジト『豊玉アジト』の実態」、「武器製造非公然アジト『厚木アジト』の実態」などの項目に分け、多数の表や押収品のカラー写真も挿入して、詳細に説明している。

そしてこの『焦点』（二五八号）は、JRに関連して次のように記述した。

＊「革マル派は、国鉄労働運動に積極的に介入し、国鉄の分割・民営化に反対してきたが、昭和六二年、JR各社発足に伴い、それまでの戦術を転換した。同派は、六二年一月の機関紙『解放』で国鉄労働運動の『新たな闘いの開始』を表明した」

＊「特に、同派（革マル派）は、党派性を隠して基幹産業の労働組合やマスコミ等に潜入工作を推し進めていると言われ、各界各層での影響力拡大を図っているものと思われます。……このため同派は、革マル派の実態について評論や批判を行おうとする個人、団体に対しては組織を挙げた反論キャンペーンを張るなど言論の封じ込めを図る活動を展開しています」

＊「また、革マル派は、七年一二月に東日本旅客鉄道労働組合（ＪＲ東労組）と対立関係にあった労組幹部宅に対する電話盗聴事件、八年八月に国労本部書記長（当時の企画部長）宅に対する侵入事件を引き起こしています」

＊「なお、同派は、（板金・塗装「アベ製作所」の看板で偽装していた厚木アジトから）押収された『社員をナメルナＪＲ東海経営陣は辞任せよ！』と記載された模造紙やサバイバルナイフ、なたに関して、『アベ製作所には存在しないもので全くのデッチ上げだ』などを内容とする『抗議声明』を二回にわたって報道機関に送付しました。大量の押収物の中で、とりわけこれらの品々は、同派にとってその存在を否定したいものであったことがうかがわれます」

また、公安調査庁『回顧と展望』警告以降、「ＪＲ東日本革マル問題」に関する質疑は国会の場でもしばしば行われ、平成一二年一一月七日、衆議院交通・情報通信委員会の場における山下八洲夫議員の質問に対する金重警察庁警備局長の答弁を皮切りに、米村警備局長（現警視総監）をも含め、歴代の警察庁警備局長が一貫して、公安調査庁【内外情勢の回顧と展望】の「ＪＲ東労組に、**革マル派系労働者多数が組合執行部役員に就任するなど、同労組への浸透が一段と進んでいる……**」ことを真正の事実と認める回答を行っているほか、次のような具体的な質疑応答まで行なわれている。

◆ 平成一三年五月二五日、衆議院国土交通委員会

（西村議員）革マル派は、組織内に各産別労働者を指導するための各種労働委員会を設けて、今答弁にあったような任務を担当する委員会があり、通称「トラジャ」と呼ばれる。それがＪＲ内の労働者を指

導しているという。また、トラジャの下部組織に「マングローブ」と呼ばれる組織が存在しているという。これらは捜査で裏打ちされているのか。

（漆間警備局長）ただ今ご指摘の事項については、捜査で裏付けをとっている。

（西村議員）「革マル派がJRの組合組織に浸透……」というのは、組合員の数の割合のことを言っているのか、それとも組合執行部に革マル派の者がおり、執行部として組合を指導する立場に既に立っているのか、いずれかなのか、またその両方なのか、答弁を。

（漆間警備局長）JR総連、東労組内において影響力を行使でき得る立場に革マル派系の労働者が相当浸透していると見ている。

（西村議員）具体的にその者の人物等々の特定まで捜査で裏付けられているのか。

（漆間警備局長）捜査の手の内なので答弁は控えさせて頂くが、ただ、捜査によって、基本的に、議員がご指摘されたようなことは解明されている。

平成一四年一二月四日、衆議院国土交通委員会

（奥村警備局長）……こうした警察活動を通じて、私共としては、ご指摘の労働組合に対して革マル派が相当浸透していると見ているところである。そして、こうした革マル派の労働組合への浸透の意図であるが、革マル派というのは、日本で暴力を使って共産主義革命を起こすことを究極の目的としている組織であり、昭和五〇年代初めまでは対立している中核派あるいは革労協との間で陰惨な内ゲバを繰り返し、一〇数件の殺人事件あるいは数百人の負傷者を出しているが、その後、昭和五〇年代初めに、

「まだ革命情勢は到来していない」という認識の下に、組織の拡大に重点を置くようになり、その党派性、つまり革マルだということを隠して基幹産業の労働組合等、各界各層への浸透を図っており、ＪＲ東労組への浸透もその一環であると見ている。

（玉置議員）ＪＲ東日本にどの程度の人数を浸透させているか把握されているか。

（奥村警備局長）革マル派の構成員は全体で約五、〇〇〇人と見ているが、どの組織にどのくらいいるかということは捜査の手の内ということになるので、お答えは差し控えさせていただきたい。

そして、「ＪＲ東日本革マル問題」に関しては、政府の公式見解も既に複数回示されており、例えばその一つ、民主党山下八洲夫参議院議員が平成一五年二月七日に提出した「ＪＲ東労組の役員逮捕、家宅捜索及びＪＲ東労組への革マル派浸透に関する質問主意書」に対する、平成一五年三月一八日付「総理大臣小泉純一郎名・答弁書」（内閣参質一五六第三号）に関して、翌三月一九日付産経新聞は、次のように報じている（傍線は宗形）。

> 革マル派がＪＲ総連に深く浸透
>
> 政府は一八日の閣議で、左翼過激派「革マル派」がＪＲ総連やＪＲ東労組に深く浸透しているとの認識を示す答弁書を決定した。民主党の山下八洲夫参院議員の質問主意書に答えた。
>
> 警視庁は昨年一一月にＪＲ東労組の役員ら七人を強要容疑で逮捕、起訴したが、答弁書は、七人のうち一部は革マル派活動家とみられると指摘。革マル派は党派性を隠して基幹産業の労働組合への浸透を図っており、ＪＲ東労組などへの浸透も「組織拡大戦術の一環」と位置づけている。

二．〝公的顕在化〟の背景

先に千葉勝也現ＪＲ東労組本部委員長の法廷証言で見たように、平成一一年一月の公安調査庁『回顧と展望』の記述に対しては、ＪＲ総連・東労組の指導部は「事実無根」、「デッチ上げ」と強弁して譲らない。がしかし、私はこの公安調査庁『回顧と展望』（平成一一年一月）が出されるに至ったのにはそれ相応の理由があったと思う。

それは、その前年、平成一〇年夏のＪＲ東労組各地方大会では、本部の主導によって、新潟出身の竹内氏を水戸地本委員長に、東京の村上氏を水戸地本副委員長に、高崎の小林氏を千葉地本書記長に、盛岡の田中氏を秋田地本委員長に、など、一般普通の労働組合では絶対あり得ない幹部役員の派遣・入れ換え人事（＝ＪＲ革マル派落下傘部隊の降下人事）が行われたことである。そしてこれは、その特異かつ錚々たるメンバーの顔触れからして、「松崎明」戦略の発動であることは一目瞭然であったから、この時期のその目的、意図などにつき、われわれ「ＪＲ東日本革マル問題」ウォッチャーの間で、ひとしきり話題となったものだった。公安調査庁と警察庁は、おそらくこれを〝「松崎及びＪＲ革マル派」によるＪＲ東労組支配の完成〟と捉え、しかもその異常な人事が関係各地本の抵抗に遭うことも一切なく、すんなりと実現したことに対して重大な危機感を抱いたのだろう、と私は考えている。

なお、公安警察筋の情報によると、当時、公安調査庁内部では、平成一〇年のＪＲ総連の定期大会、ＪＲ東労組の定期大会及び各地方大会（地方本部の定期大会）における役員人事の異常性について次のように分析していた模様である。

革マル派、ＪＲ東労組を完全掌握へ

（※平成一〇年、）革共同革マル派は、同派の資金・活動家の供給源となっている「ＪＲ東労組」

（松崎明会長、一一地本、約五万四、〇〇〇人）及び傘下各地本の定期大会において、主要役員ポストをほぼ独占した。特に、これまで同派組織基盤が脆弱であった千葉・水戸・秋田各地本の主要ポストに革マル派系活動家を就任させたことは、同派が目指す「ＪＲ東労組完全支配」が最終段階を迎えたことを印象付けた。

〈主要ポストを革マル派が押さえる〉

「ＪＲ東労組第一四回定期大会」（六月一四〜一六日、千葉市・千葉ポートアリーナ）では、松崎明会長（再）、嶋田邦彦書記長（再）をはじめ、革マル派系活動家がほとんどの主要ポストを押さえ、中央執行委員のうち同派系の占める割合は約七割に達し、ＪＲ発足時（昭和六二年）の約三割強から大幅に増加した。

さらに、中央本部大会を受けて開催された各地本定期大会でも、傘下一一地本中九地本の執行部を革マル派系が掌握し、旧「鉄労」系の聖域的存在であった新潟地本委員長ポストを奪取したほか、特に、中核派系労組や国労など対立労組が多く存在する千葉・水戸・秋田地本へは、「敵対勢力一掃」を狙ってベテラン活動家を送り込む中央本部主導のテコ入れ人事を行い、同派による地本支配を強固にした。

「ＪＲ東労組」が、今大会を、「ＪＲグリーンユニオン分裂騒動」の因縁の地である千葉地本管内で開催したこと、これら三地本のテコ入れを行ったことは、革マル派による同労組完全支配がほぼ仕上げの段階に至っていることを示しており、「一企業一組合」を錦の御旗に掲げて同労組内外の敵対勢力を一掃し、最終的に「ＪＲ東日本株式会社支配」を目指す同派の目論見が大きく前進していることが窺われる。……

他方、警視庁公安部は、平成八年八月一〇日、革マル派の足立区・綾瀬アジトの摘発に成功、重要資料多数を押収した。この綾瀬アジト摘発・押収資料を分析した警視庁公安部は、「JR東日本革マル問題」に関して相当数の〝重要かつ確実な証拠〟を掴みこれを「内部文書化」した、と言われている。

そして、松崎主導の今次「全国五〇乱発訴訟裁判」で、被告・西岡研介氏が書証として法廷に提出した「革マル派の綾瀬アジトを警視庁が一九九六年に摘発したときの押収資料を基に警察内部で作成された資料」(丙三八号証)がその「警視庁内部文書」だとされ、同資料を巡っては、西岡氏の入手経路に関して、松崎JR総連・東労組側は「氏名不詳の警視庁幹部某が機密文書を『週刊現代』の西岡記者に渡したことは公務員法違反である」と主張して、東京都を告訴した。

なお、警察当局は、この「革マル派の綾瀬アジトを警視庁が一九九六年に摘発したときの押収資料を基に警察内部で作成された資料」について、当然といえば当然であるが、「そのような資料の存在は承知していない」というような対応姿勢であるようだ。他方、JR総連・JR東労組側は、この〝丙三八号証〟資料について、「警察が作成したことは明らかだ」と認めている一方、「内容はでたらめだ」と主張している(四茂野修・証言)。しかし、『われらのインター』の中で、「本来出てはならない資料が出たのが問題……」などと主張している彼らの告訴の理由が、西岡氏の資料入手の経路や方法であるのは、私に言わせれば本末転倒、〝噴飯物〟である。彼らが第一義的に問題とすべきは「〝丙三八号証〟資料」の内容の〝真実性〟でなければならないからだ。彼らが本気で告訴するならば、警視庁公安部が「政府の意に沿わない労働組合弾圧のために、根も葉もない事柄を羅列した〝デッチ上げ・捏造文書〟を作成した」ということに対してでなければならない。だが、彼らはこの「本筋」、「幹」の部分に対しては決して戦いを挑もうとしない、法廷の場で白か黒かの決着をつけようとはしない。だから、私は「うどん屋の釜」、言う(湯)だけ、下部機関に対するポーズだけだと言わざるを得ないのだ。

私は、西岡研介氏の〝「週刊現代」効果〟を高く評価し、「JR東日本革マル問題」に関してここ数年来、同氏に戦友・同志的感情を抱いている者だ。情報交換も密にしており、また後に述べるように西岡氏の依頼で、三月三日の「梁次邦夫・JR総連・JR東労組原告裁判」の被告側証人を喜んで引き受けた経緯の中で、たまたま「丙三八号証」を見る機会を得た。

一読して判る、その内容は正に「驚愕的なもの」で、平成一〇年に抱いた公安調査庁及び警察庁のJR総連・東労組の実態に対する危機感の大きさは十二分に理解できる。平成一一年公安調査庁『回顧と展望』中の〝JR東労組〟なる固有名の明記。警察庁『焦点』（革マル派特集号）の発行も当然と言うべきで、これこそが〝公的顕在化〟の背景であると思っている。

ここで、「丙三八号証」の中で、「JR東日本革マル問題」と特に関係があると思った部分を抽出して以下に紹介する。

※【警察当局よる「綾瀬アジト」摘発・押収資料分析結果とされるものの一部概要】

◆「綾瀬アジト」の摘発と押収品分析の結果、昭和三八年二月の革マル派結成以来の議長（平成八年一〇月一三日の政治集会で議長辞任を表明）である黒田寛一と副議長と言われているJR東労組会長の松崎明は、現在も革マル派の最高幹部であり、組織内では絶対的な権限を有していることや、革マル派との無関係を強調しているJR総連には、以前の「国鉄委員会」に替わる革マル派組織の「JR委員会」があり、革マル派によって運営されていることが明らかになった。

◆ 押収品は「内部資料」、「フロッピーディスク」、「ノート」、「録音テープ」など総数約一、四〇〇点

◆ 主たる押収品

○組織構成に関する文書図表
○黒田寛一に関する文書
○松嵜　明に関する文書
○自己批判書、規律防衛に関する文書
○各種会議に関する文書と会議の内容
○党活動に関する文書
○黒田寛一の肉声テープ
○財政関係の文書

◆　組織実態

綾瀬アジトから押収した資料を分析した結果、黒田寛一と松嵜明について組織内では、「最高指導者同士」と表現していることからして、両名は、現在も革マル派最高幹部であることは明らかである。

また、革マル派の全組織を指導する最高機関としては、結成時の規約どおり、現在も「全国委員会」があり、その下には、指導・実務機関として「政治組織局」「書記局」「機関紙編集局」の三局と、地方機関として「地方委員会」が置かれていることが判明した。

◆　松嵜　明について

＊松嵜明は、昭和三八年二月の革マル派結成当時の副議長で、議長の黒田寛一と共に同派を指導してきたと言われていたが、今回の押収品から、松嵜は、現在も組織内では、「理論の黒田、実践の松嵜」と言われ、「黒田に次ぐ最高幹部として組織内では絶大な権限を有しているほか、革マル派幹部を指揮・指導し、党建設に精力的に取り組んでいる」ことが判明した。

＊押収資料には、「松崎が組織幹部に指示した内容等を記載した文書」や「松崎が幹部の学習会で党建設等について指導した文書」、「反党活動をした幹部が松崎に提出した謝罪文・自己批判書」、「組織指導部の各幹部が松崎に報告した事項を記載した文書」、「松崎が組織幹部を権利停止等の処分にした事実を記載した文書」、「松崎の指示を下部組織に徹底するよう指導した文書」等が大量にあった。

＊松崎明の指示等内容は、全て組織に報告されているほか、組織幹部は、松崎に対して報告等を行う義務を負っている。

＊松崎明は、革マル派結成当時の副議長（「倉川篤」のペンネームを使用）で、自らも「革マル派を作った一人」、「かつては革マル派の幹部であった」と自認しながらも、「もうすでに辞めた。今は革マル派とは関係ない」等と、あらゆる機会を捉えて同派との無関係を強調し、「単なる労働組合の幹部である」と公言しながら、自民党議員等と積極的に接触するなど、革マル色の払拭に躍起となっていた。

＊松崎明は、黒田寛一と同様、革マル派の組織全般にわたって指揮・指導している。特に、同派のＪＲ産別組織に対しては絶対的権限を有し、ＪＲ内活動家からは黒田以上に尊崇されている。

＊松崎は革マル派幹部の学習会に出席し、党建設の方針等について講演や指導を行っているほか、参加者にレポートを提出させ、それにコメントを付すなどして、同盟員を厳しく指導しており、また、松崎の講演や論文は、「同盟員の必読学習資料」的な位置付けにあり、これを基に各種学習会や会議等で検討や討議をしている。

＊松崎は、平成五年の沖縄県委員会での分派活動により、中央指導部にまで波及した「組織混乱」の収拾と、「組織の再建」に乗り出し、指導部幹部（ＪＲ出身の中央労働者組織委員会常任委員等）を権利停止処分にしたほか、新たな下部組織を作ったり、機関紙『解放』の購読やカンパの上納を停止した一部指導者に対して、「機関紙の再購読とカンパの納入」を命令して実行させるなど、絶対的権限を行使しており、自らが先頭に立って、党建設に取り組んでいる。

＊松崎は、昭和六二年頃から平成五年の間に数千万円を活動費として組織にカンパしているが、その他にも「必要な金は作るから、とにかく組織を作れ」などと指示していることから、かなりの金額をＪＲ東労組（ＪＲ総連）の組合費等から革マル派に流出させているものとみられる。

◆〝細胞〟は、職場・学園または地域等の中にある革マル派組織の基礎組織である。この細胞は、三名以上の同盟員で組織され、細胞総会は、月一回から三ヶ月に一回の割合で開催することになっている。

◆　ＪＲ内革マル派組織

昭和六二年四月一日の国鉄分割・民営化以降、松嵜明を筆頭に、ＪＲ総連傘下の旧動労系のすべての労組は、表見的には〝革マル派との「無関係」〟を強調し、機関紙等でも「国鉄委員会」に替わる「ＪＲ委員会」の存在についていては一切明らかにしていなかったが、今回の押収資料により「ＪＲ委員会」の存在を確認したほか、ＪＲ各社内に革マル派組織が建設されていることを確認した。なお、ＪＲ四国にはＪＲ総連傘下の組合は無いが、ＪＲ連合に加盟しているＪＲ四国労組の中でも革マル派の組織作りが進められている。

また、平成八年五月開催の「JR総連内革マル派幹部と革マル派弁護士との合同会議」では、JR総連の柴田光治委員長（当時は書記長）が、連合第八回中央委員会において「防護無線の盗難と列車妨害事件」について、「内部に詳しい者が関係している。分割・民営化反対を叫んでいる者と無関係ではないし、その者達の犯行ではないか……」などと、暗に〝国労が犯人〟であるかのような発言をしたことに関し、革マル派指導部（弁護士）は、「この発言は〝権力謀略論〟に反する」と批判し、この柴田発言に関して、JR総連副委員長の小谷昌幸を自己批判させている。

◆ JR委員会指導部の実態

中央労働者組織委員会の中には、「トラジャ」と呼ばれる「JR出身の常任委員」約一〇名がいて、これらの者が「マングローブ」と呼ばれる「JR委員会」に所属する約一五〇名の指導的メンバーを指導していた。

しかし、沖縄から中央に波及した内紛問題に、この「トラジャ」全員が深く関与して反党的行動を執り、また、「トラジャ」の指導の下で、「JR委員会」も革マル派組織へのカンパ等の上納を凍結するなどの行動に出たため、中央指導部から責任追及を受け、「トラジャ」全員と、反党的行動に関与した「マングローブ」指導部が、組織の監視の下で自己批判をさせられている。

現在は、これら組織の再編が行われているものとみられるが、中央労働者組織委員会がJR内革マル派組織を指揮下に置き、指揮・指導していることに変わりはない。

◆ 革マル派構成員のランク、資格など

＊革マル派構成員は、大きく分けて「同盟員」と「非同盟員」からなる。「非同盟員」は、活動歴、思想性、組織性等から、更にランク分けされ、「ＦＬＣ」（フラクション指導部）、「ＲＦ」（革命的フラクション）、「ＬＦ」（左翼的フラクション）、「学習会」等の活動単位にそれぞれ編入されている。

また、どのランクにも属さない思想的水準が低く、経験の浅い者を「ＬＤ」（『解放』読者）と位置付けている。

これら組織内でのランクを証明する「証明書」等はなく、しかも、誰が同盟員であるかは組織内でも明らかにしていないので、一部の幹部しか知らないことになっている。

＊革マル派同盟員としての資格認定方についいては、担当常任委員が、その人物の活動歴、思想性等を総合判断しながら、指定する何冊かの文献を読了させた上で、論文や感想文を提出させ、「政治組織局」で協議して、認定している。なお、この際には「加盟決意書」を書かせている。

◆革マル派構成員の義務その他

＊革マル派では、黒田寛一著の『革命的マルクス主義とは何か』と『日本の反スターリン主義Ⅰ・Ⅱ』を〝綱領〟に替わるべきものとしており、このほかに、黒田寛一の著書や松嵜明の〝講演内容〟と〝論文〟を「必読文献」としており、これを活用しながら学習会を行っている。

＊革マル派の資金源は、「労働者活動家のカンパ」と「大学の自治会費」の二本立てとなっており、学生活動家は、原則的にはカンパをしなくとも良いことになっている。

労働者の場合は、各産別および活動家のランク等により額が異なるが、原則として、総支給額（税金のみを除く）から一定の生活費を除いた金額に、ランク別のパーセンテージを掛けた額のカンパが決められている。

このほか、「ボーナスカンパ」や「臨時カンパ」等も徴収されており、平成六年には、東京工藝社の設備拡張に伴う臨時カンパが提起され、一人一〇万円以上のカンパが要求されている。

更に、これらカンパ以外にも、『解放』『共産主義者』〈※現在は『新世紀』と改称〉の購読料や集会カンパ金等も拠出しなければならず、年間一人あたり一〇〇万円以上を組織に納入していると思われるので、労働者活動家は苦しい生活を強いられている。これらのカンパは、納めることによって、「組織の一員」であることの意識付けを行うためとみられるが、カンパ金の捻出に悩んでいる活動家も多数いるものと認められる。

＊革マル派は、相互監視や幹部による点検等で構成員の規律違反を摘発し、違反者に自己批判を強要している。また、違反者に対しては、その程度に応じ「除名、権利停止、活動停止」等の処分を行い、特に異端・反党分子と見なした者に対しては、監禁・脅迫・暴力的査問等による徹底した追求を行っている。また、その者の所持品等は、全て組織が強制的に回収し、その者のイデオロギーと行動の詳細な分析を行い、同調者の解明、警察や敵対セクト等との繋がりの有無等を徹底的に調査している。

更に、脱落者に対しても、最低限、権力への情報提供は行わないように確約させる等、組織防衛には異常とも思われるほど徹底した対策を講じている。

＊革マル派内では、組織構成員各自が党規律に」違反していないかどうかの相互監視体制をとり、違反者については、「ホウ・レン・ソウ」（報告・連絡・相談）の組織原則に沿って、上部機関等に報告させ

ている。特に、酒に関しては「飲み過ぎは組織防衛上極めて危険であるだけではなく、襲撃された場合には出血多量による死亡の条件になったりする」としてこれを戒めているほか、パチンコ・女についても、「権力のスパイ醸成の第一歩である」などと注意を喚起し、ハイキングや水泳等の趣味を持つように督励している。

＊反党的行動をとった者に対しては、「監査委員会」なるものを設置して徹底した糾弾を行い、自己批判させているが、それでも効果がない場合には、数名で取り囲んで〃拉致〃し、あらかじめ設定したアジト等に〃監禁〃して、一名の対象者に対して数名が二四時間体制で監視している。

この監視方法は、常時ドアチェーンを掛けて玄関を施錠し、トイレにも監視員が付き添い、就寝時には鎖で足を繋ぎ、この鍵の置き場所も定めておくという徹底した逃走防止策をとり、この監禁状態の中で反省・学習に専念させながら、自己批判を強要するというものである。

そのうえで、特に重大な違反者に対しては、「追及査問会議」を開催し、大勢の同盟員の前で自己批判や決意表明を述べさせている。

このような暴力的査問が行われていることは、組織内では周知の事実となっており、これに対する構成員の恐怖心が組織に対する離反、敵対を許さない思考を強制する要因になっている。

＊反党活動を行った「トラジャ」メンバーは、都内ホテルにおいて、全国から招集された約一五〇名の同盟員等の前で、長時間にわたる糾弾を受けたうえ、自己批判を強要されている。

この際の査問会場への移動は、各人ごとに数名の監視員が付き、手錠・マウスピース・ガムテープ等を使用して逃走防止の措置を講じたうえで、カーテン等で目隠しした車両を使用している。

◆組織内紛と内部思想闘争の実態

平成元年の「三・五提起」以降続いている組織内の内部思想闘争問題に対し、組織引き締めの陣頭指揮を取っていた黒田寛一は、平成四年に入院をした。

この間に、当時の中央指導部が、黒田の意向に反した運動方針を提起（「三・一提起」もしくは「DI提起」と呼ばれている）し、これに従って党を運営していたため、黒田は病気回復後、これら指導部を弾劾・粛正し、自らが先頭に立ち組織再建に乗り出した。

沖縄県委員会では、「三・五提起」を受け、組織再建に取り組んでいた県委員長の宮城啓が、その指導方針等について中央指導部から全面否定され、「県委員長を解任」されたうえに、軟禁状態でその責任を追及されたことから、宮城は身の危険を感じて組織逃亡を図った。

この間、党中央指導部は、宮城に代わる指導部を沖縄に派遣したが、宮城の逃亡が発端となり、仲原忠義以下の沖縄県委員会の地元指導部のほとんどが、党中央指導部に反発する行動に出たため、黒田は、中央労働者組織委員会から「JR出身の常任委員数名」を事態収拾のため沖縄に派遣した。

しかし、この者らは仲原以下の地元幹部の方針に同調し、中央に残っていた他の「JR出身の中央労働者組織委員会常任委員」もこれに加担するようになったうえ、指揮下にあるJR委員会をも巻き込み、「反中央」意識を煽り、機関紙の購読拒否やカンパの上納停止を行わせるなどの事態にまで発展していった。

このように、沖縄一地方の問題が中央へと波及したことから、以後、革マル派内では、「労働者対指導部」という図式で激しく対立し、組織分裂を孕んだ同派結成以来最大の危機に直面することになった。

この内紛問題は、その後、「JR出身の中央労働者組織委員会常任委員」等の自己批判により、組織決着は付いたとしているものの、下部組織内には、「反中央」意識が依然として根強く残っていると認められ、未だ混乱は収まっていないものとみられる。

◆現勢

○都内～約一、五〇〇人（学生約二五〇人、労働者約一、二〇〇人、専従約五〇人）
○全国～約四、〇〇〇人（学生約四五〇人、労働者・専従約三、五五〇人）

◆機関紙（誌）等

◆革マル派発行の機関紙・誌は、同派が昭和五六年一一月一九日に「こだま印刷」に替わるものとして設立した「東京工藝社」で印刷しており、定期刊行物としては、
○機関紙『解放』（週刊、発行部数推定　七、五〇〇部、一部三〇〇円）
○理論誌『共産主義者』（隔月刊、推定二、〇〇〇部、一冊一、二三六円）

◆出版社

直営出版社として、解放社の隣に「こぶし書房」（昭和四〇年三月に設立。昭和五八年一〇月七日に、新宿区鶴巻町五二五－一五　KBSビルに移転）がある。

これは、黒田寛一の直轄として、会社組織として運営され、黒字経営と言われ、代表取締役は、黒田寛一の妹の夫の渡辺一史（昭和一六年二月九日生）で、約一〇人いる従業員は全員〝組織構成員〟である。

◆ 財政

財政は、中核派や革労協狭間派等の他派と比べると、かなり安定していると思われるが、その要因は、産別同盟員から、同盟費とカンパが定期的に入ること、JR総連等の労働組合や大学の掌握自治会等からの流入金があること、また、ゲリラ等による支出がないこと等によると思われる。

革マル派は、「創造社」を除き、「解放社」等同派の施設は、昭和五七年から平成元年までの七年間に約二〇億三、〇〇〇万円で新築したり購入していることから、これをみても同派の財政の豊かさが窺われる。

◆ 労働戦線の指導機関

労働戦線部門については、専門部として、「政治組織局」の下に約二五人からなる「中央労働者組織委員会」が設けられ、「産業別労働者組織委員会」を指導している。

また、各地方委員会には、数人単位で、指導連絡のための組織専従員が中央から派遣されている。

「産業別労働者委員会」は、機関誌等で公表されている、

○全逓労働者委員会
○自治体労働者委員会
○金属労働者委員会
○化学労働者委員会
○電気労働者委員会
○教育労働者委員会
○交通運輸労働者委員会
○電気労働者委員会
○マスコミ労働者委員会
○中小企業労働者委員会

○重工業労働者委員会　　　○社会事業労働者委員会

の、一二委員会を確認しているが、このほかに、公表はしていないが、以前の「国鉄委員会」に替わる「JR委員会」がある。そしてJRについてのみは、表見的には「交通運輸」に属しているポーズをとっている。

◆JR内革マル派

JR総連内の革マル派構成員は約六〇〇人とみられるが、この中から選ばれた約一二〇人が、JR総連傘下の各労組内革マル派組織を指導している。

警察庁（警視庁公安部）は、綾瀬アジトを中心とする革マル派アジトの摘発と押収資料の分析により、党革マル派とJR革マル派の関係及びその活動実態についておよそ以上のような事柄を把握していると思われる。歴代警察庁警備局長の国会答弁や政府の公式見解がこれらに依拠してなされたものであることは容易に理解できるだろう。

三．〝疑惑〟の時代（前期）と〝事実〟判明の時代（後期）の重要な事件や主要な出来事

「JR東日本革マル問題」は、公安調査庁『回顧と展望』によって公的顕在化した平成一一年を区切りに、〝疑惑〟の時代（前期）と〝事実〟判明の時代（後期）の二つに分けると理解しやすいと思う。二つの時代のそれぞれに、重要な事件や主要な出来事が多数発生しているが、厳選して、〝疑惑〟の

時代（前期）のものとしては、次の三つを挙げておく。

①「ＪＲ連合」の誕生（平成四年五月）

②『週刊文春』問題（「ＪＲ東日本に巣くう妖怪」記事連載事件〈平成六年六月二三日号～七月一四日号〉）

③沖縄革マル派反乱問題（平成四年～七年頃）

そして、〝事実〟判明の時代（後期）のそれとしては、次の六つの事柄を選びたい。

①九州労・大量偽装脱退事件（平成一二年一〇月発生）

②革マル派による「坂入充」氏拉致・監禁事件（平成一二年一一月発生）

③ＪＲ東労組本部役員大量辞任事件（平成一四年一〇月三一日）

④浦和電車区事件（平成一四年一一月一日）

⑤「ＪＲ東労組を良くする会」の発足（平成一八年六月）とその後の展開

⑥『週刊現代』問題（「テロリストに乗っ取られたＪＲ東日本の真実」記事二四回連載〈平成一八年七月一五日発売号～一九年一月二〇日号〉）

以上、多数の中から厳選した前期と後期計九項目のどれについても、私の既刊「ＪＲ東日本革マル問題」批判五部作で詳細に記述したところであるので、ここでは省略する。

四．二つの時代を区分した平成一一年の重要性

年初に、公安調査庁『回顧と展望』がＪＲ東日本の労使関係の実態に警戒感を露わにし、警察庁もまた、『焦点』（革マル派特集号）で足並みを揃えたこの年の五月、ＪＲ総連・東労組の内部では密かに「ＪＲ労働運動研究会」（ＪＲ労研）が結成され、秘密裏に「ＪＲ総連・東労組」の正式組織とは全く別個の活動を開始、翌六月には機関誌『ＪＲ労働者の実践』創刊号が発行された。

他方、警視庁公安部は一一月、業務上知り得た顧客データを革マル派に提供した容疑で、ＮＴＴとＮＴＴドコモの社員二名（共に「国鉄改革」に際して国の雇用対策施策に応じて国鉄から移籍した元「動労」所属者）を窃盗及び電気通信事業法違反で逮捕した。そして、この事柄は、松崎・動労の有名な「コペ転」（国鉄分割・民営化反対路線からの一八〇度回転）の裏に、国の重要施策（「国鉄改革」に伴う国鉄職員の雇用対策）に便乗して国、地方自治体などの公的部門や民間諸企業などへの「革マル派組織の潜入と拡大」を企図した壮大な〝松崎・ＪＲ革マル戦略〟があったことが今では判明してるのだが、これについては後述することにする。

Ⅲ．「週刊現代」効果及び松崎・ＪＲ総連・東労組側乱発訴訟の連戦連敗

一．「週刊現代」効果

私はここ五年ほどの間に、ほぼ年一冊の割合で、「ＪＲ東日本革マル問題」批判五部作を刊行し続けてきた訳だが、新左翼過激派の内ゲバ戦争などが遠い昔の話となった世間の関心は低く、無名の一私人の出版物が世に訴える力などほとんど無いにひとしかった。

事態が一変したのは、平成一八年七月から翌年一月にかけて二四回の長期に亘って『週刊現代』に連載された【テロリストに乗っ取られたＪＲ東日本の真実】であった。

私は、『「ＪＲ総連・東労組」崩壊の兆し⁉ ―「ＪＲ東日本革マル問題」の現状―』（高木書房　平成一九年一〇月刊）の中で、【……この『週刊現代』長期連載記事「テロリストに乗っ取られたＪＲ東日本の真実」は、かつての「日本人拉致事件」問題と同様、ほぼ二〇年もの長期に亘りマスコミ界でタブー視され、封印、自主規制され続けてきた「ＪＲ東日本革マル問題」の真実を白日の下に引きずり出したこと。しかもそれが出版界の名門、講談社の『週刊現代』誌上において完膚無きまでに徹底して行われたことで、雑誌ジャーナリズム世界の枠を超え、政・官・労働その他各界にまで大きな衝撃を与えた】と書き（同書二〇頁）、これを〝「週刊現代」効果〟と呼んでいる。

執筆者・西岡研介氏は、この【テロリストに乗っ取られたＪＲ東日本の真実】で、平成一九年「編集者が選ぶ雑誌・ジャーナリズム賞」を受賞した。同氏は、神戸新聞、『噂の真相』誌、『週刊文春』、『週刊現代』と、華麗な記者遍歴を重ねる間に、数々の特大級〝スクープ〟を物にした実績で、マスコミ界にその名を知られた敏腕ジャーナリストである。

なお、西岡氏が連載終了後、同記事をベースに加筆し、単行本化した『マングローブ』（講談社　平成

一九年六月刊）は、「第三〇回講談社ノンフィクション賞」を受賞した。

〝「週刊現代」効果〟は目覚ましく、「JR東日本革マル問題」を取り巻く環境は私が無力を嘆いていた時代と激変した。

その後に起こったJR東日本労政及び労使関係上の重要な変化、例えば次の事柄などは、すべて〝「週刊現代」効果〟が多かれ少なかれ反映しているものと私は考えている。

①浦和電車区強要事件・東京地裁判決（被告七名全員有罪）を受けたJR東日本会社による「浦和電車区事件被告社員六名に対する懲戒解雇」処分（〇七・八・三〇）

〈**処分理由**：会社施設内において当社社員（当時）に対し行った行為が、強要の罪に当たるとして、平成一九年七月一七日、東京地方裁判所にて有罪判決を受けた。この行為は、職場秩序を著しく乱し、また、会社の信用を著しく失墜せしめたものであり、社員として極めて不都合であるため〉

②三鷹電車区事件（一九九九年一〇～一一月頃、JR東日本三鷹電車区でJR東労組に所属していた運転士がJR連合組合員と交遊したことを理由に組合を脱退させられ、徹底した集団的糾弾行為を受け、JR東日本が当該者を運転業務から外し出向させるなどした事件）の被害者である佐藤久雄氏が豊田運輸区・運転士に復帰（〇八・七・一）

③かつては「蜜月」関係にあったJR東会社を相手取り、石川尚吾東労組委員長、同八王子地本奥村隆夫委員長が、東京都労委に対し「不当労働行為救済」申し立て（〇七・七・二〇）

④〝革マル排除〟を旗印に立ち上がった「ＪＲ東労組を良くする会」を母胎とする反松崎・反本部の人々による「ジェイアール労働組合」（本間雄治委員長）の結成（〇七・九・一）

二．松崎半狂乱⁉　全国「五〇乱発訴訟」結果の惨状

西岡研介著『マングローブ』第七章は、「未曾有の言論弾圧」と題して次のように記述している。

【『週刊現代』編集部の机の上に、うずたかく積まれた書類の山。私が「テロリストに乗っ取られたＪＲ東日本の真実」の連載を始めて以降、北は札幌地裁から、南は山口地裁に至るまで、全国の裁判所から送られてきた訴状だ。

連載開始以降、私の手許に届いた訴状は四九通にものぼる。被告は私と講談社。そして原告は松崎を除いてすべて、ＪＲ東日本の最大・主要労組「ＪＲ東労組」と、その上部団体「ＪＲ総連」の組合員である。

連載開始から約一カ月後の二〇〇六年八月、ＪＲ東労組とＪＲ総連、そして「マングローブ」のメンバーの梁次邦夫・ＪＲ東労組大宮地本副委員長（五七歳）の三者が、私と講談社を相手取り提訴。さらに約二カ月後の一〇月には、松崎本人が、私の連載で名誉を傷つけられたとして、損害賠償請求訴訟を起こしてきた。ところが、この松崎本人による提訴と前後し、ＪＲ東労組をはじめＪＲ総連傘下単組に所属する全国の組合員が、私の記事で「精神的苦痛」を被ったなどとして、各地の裁判所に次々と訴えを起こしてきたのだ。】

（二四〇〜二四一頁）

いわゆる松崎・ＪＲ総連・東労組による〝『週刊現代』連載記事関連「全国・五〇乱発訴訟」〟問題で

ある。

この明らかな労働組合費浪費、非常識というより異常な乱発訴訟に関して松崎は、自信満々、こんなことを豪語していた（JR東労組機関誌『セミナー』第九六号　二〇〇七・二）。
〈傍線は宗形〉

戦争を許さない女たちのJR連絡会全国集会・特別講演　二〇〇六年一二月九日
新しき明日を信じてできることをやり抜こう　松崎　明

これ〈宗形注、「西岡研介記者執筆の長期連載記事」〉は『週刊現代』か講談社にお願いして、来年いっぱいいくらい続けてもらいたいと思うのですよ。そうするとギネスブックは当選確実でしょう。こっちは裁判やって必ず勝つんだから、多くやってくれれば多くやってくれるほど、いただくお金が多いんだから。

この間も国際会議のメンバーの、フィリピンとかアメリカとかいろんな方々に、俺は一億二千万円損害賠償裁判やっているから、必ず勝つから、そしたら全部あなた方に渡すからねと言っておいたんだけれども、額が多い方がいいけれども、一億はいかないよね。でも全額やると言っちゃったから、これじゃ足りなくなるので、今度は埼玉県の地方裁判所に別のをやろうと思っているんですよ。別口でまた取らないと足りないので、やろうと思うのです。……

ところが、蓋を開けて見れば、〝『週刊現代』連載記事関連「全国・五〇乱発訴訟」〟裁判は、被告講談社・西岡研介氏側の連戦連勝。平成八年一一月一九日、東京地裁判決で「原告・四茂野修敗訴」となった裁判で、松崎・JR総連・東労組側は何と四八連敗という惨状である。

残る裁判は二つだけ。「梁次邦夫原告裁判」と「松崎明原告裁判」であるが、私の判断では、これも松崎・ＪＲ総連・東労組側敗訴は必至、原告側全敗に終わるだろうと思う。となれば、〝松崎戦略完全失敗〟である。

しかも、これは声を大にして言っておくが、ＪＲ総連もJR東労組もその数多い機関紙及び広報・宣伝誌・紙等のいずれにおいても、〝『週刊現代』連載記事関連「全国・五〇乱発訴訟」〟裁判四八連敗‼という実情について一切触れず、〝完全沈黙〟である。これは普通の「労働組合」として決して執ってはならない態度、組合員に対してのみならず社会的にも〝不誠実きわまりない態度〟だと言わなければならない。

本項の参考資料として、「四茂野修原告裁判」第一審判決（〇八・一一・一九東京地裁）抜粋を付けた。〝原告側完敗〟内容の同資料をお読み下されば、私の上記見解にご同意いただけるだろうと思う。

※〈参考資料〉「四茂野修原告裁判」第一審判決（〇八・一一・一九東京地裁）抜粋

本件各記述についての違法性阻却事由等の有無について

㈠　事実を摘示しての名誉毀損については、その行為が公共の利害に関する事実に係り、かつ、その目的がもっぱら公益を図ることにあった場合において、摘示された事実の重要な部分が真実であると証明されたときは、その行為には違法性がなく、仮に真実であることの証明がされなくても、その行為者がその重要な部分につき真実であると信じたことに相当の理由があるときには、その故意又は過失が否定され、不法行為は成立しないと解するべきである。

そこで、本件各記述に係る事実（以下「本件摘示事実」という。）が公共の利害に係り、かつ、その執筆、掲載の目的がもっぱら公益を図ることにあったか否かを検討し、その上で、本件においては、被告西岡において本件摘示事実が真実であると信じたことにつき相当の理由があるか否かを検討することとする。

(二) まず、JR東日本を含むJR各社は、鉄道事業等を業とする国内有数の企業であり、その事業内容は市民生活等に広く関わるものであって、そのようなJRで働く労働者が構成するJRの労働組合であるJR総連の幹部に、本件摘示事実のような、非合法活動に関わる組織に属する者がいるか否かは、市民に多大な影響を与える事実であるというべきである。原告は、本件各記述が発表された当時、JR総連の中で執行副委員長という重要な地位にあり、JR総連の方針決定やその実行に関与する者と認められるから、本件摘示事実は、公共の利害に関するというべきである。また、本件各記述のみならず、本件連載記事及び本件書籍の全体のテーマが、革マル派とJR東労組、JR総連の関係という公共の利害に関するものであり、本件各記述は、その表現ぶり等に照らしても、侮辱的ないし煽動的な表現もなく、本件連載記事及び本件書籍全体においてもそのような表現があるとの立証はないから、本件各記述は公益目的のもとでなされたものと推認するのが相当である。

これに対し、原告は、被告西岡が、平成一八年一一月一六日に開催されたJR連合の集会において講演し、個人的にも「週刊文春」の仇討ちをしなければならないなどと述べていることを根拠として、本件各記述の掲載は、同人の私的な怨念、敵意に基づくものである旨主張する。確かに、同講演において、原告が指摘する上記発言がされたことが認められるが、同講演は、これを全体として見れば、被告西岡が、思想活動と組合活動を峻別すべきであるという見地に立って、JR総連及びJR東労組の幹部が組合員の自由を認めてこなかったことや、そのような振る舞いをJR東日本の経営者が認めてきたことなどを批判する内容のものであったことが認められるのであり、同講演の内容を根拠に本件各記述が私えんに基づくものと推認することはできず、原告の上記主張は採用できない。

㈢　次に、本件摘示事実について、被告西岡において、真実であると信じたことについて、相当な理由があるかどうかを検討する。

被告西岡は、本件摘示事実が真実であると信じたことについて相当の理由があることの根拠として、警備当局の国会答弁等、これまで公刊されてきた書籍、雑誌、良くする会のリスト、原告の自宅が平成一五年六月一二日に捜索された際の捜索差押許可状に差し押さえるべき物として革マルに関する書類等が挙げられていること、内ゲバ事件が公安当局の関与のもとになされたとする原告の主張が革マル派の主張とほぼ同一であること、原告が確認取材に応じなかったことを挙げている。

また、被告西岡は援用しないが、原告において、被告西岡が本件資料等を根拠として本件各記述をしたと主張しているところ、被告西岡が警視庁の警察官から独自に入手した本件資料等を全く考慮せずに本件各記述したとは考えがたいことから、本件資料等についても、良くする会のリストの記載内容の検証資料などとして本件各記述の根拠の一部になったものと推認される。

そこで、以下、これらの根拠について検討し、被告西岡において、本件摘示事実が真実であると信じたことについて相当の理由があるか否かについて判断する。

まず、本件資料は、警視庁が平成八年に革マル派の綾瀬アジトを摘発した際に入手した押収資料を分析した結果を踏まえて作成されたものであり、平成一六年八月二六日、これを被告西岡が警視庁の警察官から入手したものであるところ、本件資料には、ＪＲ東労組の会長がいまだに革マル・最高幹部であること、ＪＲ東労組及びＪＲ総連と革マル派との関係、ＪＲ東労組及びＪＲ総連内部に革マル派の秘密組織として「トラジャ」、「マングローブ」が存在すること等が具体的に記載されている。そして、その内容は、警察庁の警備局長が、平成一二年一一月七日から平成一四年一二月四日にかけて、衆議院及び参議院の委員会において、国会議員の質問に対し、複数回行われた革マル派がＪＲ東労組内に相当浸透している旨の答弁内容と一致し、さらに、内閣総理大臣が、平成一五年三月一八日及び平成一八年五月一二日、参議院議長に対し、同内容の答弁を送付している。したがって、被告西岡が、良くする会のリスト等と上記各資料を基に、ＪＲ東労組及びＪＲ総連に革マル派が相当浸透し、革マル派の秘密組織として「トラジャ」、「マングローブ」が存在するという事実について、真実であると判断したことには、相当の理由があるというべきである。

(四) 以上のとおりであるから、本件摘示事実が真実であるか否かを検討するまでもなく、被告西岡の故意又は過失が否定され、本件各記述による不法行為は成立しない。

※（傍線は宗形）

三．宗形明・陳述書（二〇〇九・三・三 東京地裁）

私は、ここ数年来の同志、戦友でもある西岡研介氏の依頼を快諾し、三月三日、「梁次邦夫原告裁判」の被告側証人の一人として、東京地裁の場に出廷した。

それに先だって提出した私の「陳述書」は次のとおりのものである。

陳　述　書

【私の経歴と「革マル問題」】

私は国鉄のいわゆる「労働屋」として育ち、殆ど労務畑一筋で国鉄・ＪＲ人生を過ごしてきましたので、国鉄時代から今日まで、国鉄・ＪＲの労使関係、特に「革マル問題」に深い関心を持ち続けて来ました。

われわれの先輩、同僚、後輩たち、いわゆる「労働屋」の世界においては、「松崎は革マル（のまま）である」、「ＪＲ総連、ＪＲ東労組は（ＪＲ）革マル派に支配されている」ということは〝常識〟であり、議論の余地のない話であって、そうではないと思っている者は一人もいないと言っても過言ではありません。

国鉄時代、私も勤務した国鉄職員局労働課では、毎年、「労働組合役員名簿」を作成していました（「組合紳士録」というのが俗称でした）が、それには「民左（民同左派）」、「協会（社会主義協会派）」「共産」、「革同」、「政研」、「労運研」、「新左翼」、など、各自の所属派閥分類が必ず記入されていました。

松崎明氏は、国鉄時代は自他共に認める「〝動労〟の最高権力者」でしたし、現在もまた、「ＪＲ総連及びＪＲ東労組の最高権力者」の地位にあります。

このことを如実に物語る国鉄時代の一例としては、一九八四年（昭五九年）一二月前後だったと思いますが、松崎氏が、〝鬼〟の「動労」を率いて、「国鉄分割・民営化」賛成へと一八〇度変針し全国的話題となった際、動労内部から一人の反対者も出さなかったこと、が挙げられます。

当時の松崎氏は、「動労東京地方本部委員長」という一地本の委員長でしかなく、上部組織の動労中央本部委員長には、「松崎の傀儡」と噂された佐藤昭松氏が就任していました。そして、「動労」及び「動労と連帯する会」編で、同年一一月九日発刊された「〝鬼の動労〟の緊急提言」（中央精版印刷会社）の序文の中で佐藤昭松・中央本部委員長は、「私たち動労は、国鉄の〝分割・民営化〟については断固として反対であります」と述べています。また、同書本文には、「（政府らが）鳴り物入りで宣伝する分割・民営化論などは国民を欺く詭弁！」「分割・民営になったら大変だ！」「（分割・民営化を）声を大にして叫んでいるヤツほど、今日の国鉄赤字をつくった元凶なのである」などの激しい言葉が躍っています（後年、加藤寛・国鉄改革審第四部会長が大手新聞に連載した回顧録には、動労幹部が印刷・発刊されたばかりの「〝鬼の動労〟の緊急提言」を抱えて同氏のもとを訪れ、「今日から我々は国鉄分割・民営化に全面協力する」趣旨の報告があったということが記述されています）。そんな動労が、松崎氏の指導の下で「国鉄分割・民営化」に賛成となったのです。同氏の絶対性をこれほど鮮やかに示す例はありません。

次に、動労時代と同じように、ＪＲ東労組で、今もなお「絶対的権力者」として君臨する松崎氏の姿を示す例を捜せば、「〇三・一・二三ＪＲ東労組中央執行委員会見解」があります。

これは、いわゆる「東京問題」に端を発したＪＲ東労組の内紛（＝「松崎氏とその追随者集団」対「嶋田氏グループ」との紛争）過程で発生した嶋田邦彦副委員長（当時）ら「本部役員八人一斉辞任」事件に関連して出されたものですが、そこでは次の統一見解が示され、爾来今日まで、ＪＲ東労組の組合規約を超越した〝憲法〟的存在として厳存し、機能している。

◆「彼らは松崎前顧問からの『自立』を強調しているようだが、……（中略）……将来にわたって盤石なＪＲ東労組を松崎前顧問とともにつくること、これがＪＲ東労組の基本的な組織戦略である」◆

◆「我々は松崎前顧問を組織外の人だとは思っていない。ＪＲ東労組の育ての親であり、紛れもなくＪＲ東労組にとっての重鎮である。この事実は揺らぐものではない。今でも労働運動の第一線で闘っていること、卓越した洞察力と的確な判断、そして陰に陽に実践的なアドバイスをしてくれる松崎前顧問は、『余人をもって代え難い』存在である。この評価を否定し『ぶら下がり』と言うなら、それは明らかに見解の相違であって、そのように思っている者とは闘うしかないことを明らかにしておく」◆

上記のことから、〝松崎氏の革マル性〟を明らかにすれば、「ＪＲ総連、ＪＲ東労組が革マル派に支配されている」ことが証明されることとなり、また同時に、「ＪＲ総連、ＪＲ東労組は松崎氏の独裁で、そこには組合民主主義がない」ことも証明されることにもなります。

そこで、以下では、この点について述べることとします。

【松崎明氏の革マル性】について

一．私は、ほぼ労働関係業務一筋で過ごした国鉄・ＪＲ人生における実体験から得た感覚として、「松崎氏が革マルであること」、「動労内部に革マルが浸透していること」、「動労が松崎氏及び革マル集団に支配されていること」を一度も疑ったことがありません。

ＪＲ総連及びＪＲ東労組についても同じで、その理由は、「一九七八年（昭五三年）、動労・貨物安定輸送宣言のころ、革マルを脱けた（と思う）」という松崎氏の公言を信じる、信じないは別にして、「動労（の）革マル系活動家千七百人（といわれている）」（立花　隆「中核ＶＳ革マル」講談社文庫）が、「党から離れた」形跡が全く見あたらないからです。

革マル派活動家の、この関係の事情について、立花・同書には、次の記述があります。

【私の友人の家に、ある日、弟と中学がいっしょだったという友達が訪ねてきた。一晩泊めてくれというので快く承諾した。夜、弟とその友達は、近くの飲み屋にいって、昔話をひとしきり語り合った。そのうち、ある程度酒が入ったところで、「実は……」と、その友達が突然セキを切ったように語りだした。自分が革マル派活動家であること。下宿へも、実家へも帰れず、こうして友達の家や親戚、知人の家を一、二泊ずつ泊まり歩いたりしていること。その生活にも疲れ、抜け出したいのだが、抜けられないこと。抜けたらリンチするとおどされているわけではないのだが、どうしても抜けられない心理的圧迫感があること、などを話して、ほとんど泣かんばかりであったという。】

私自身も、同期生である友人の弟（国鉄職員）が、同じ事柄で自殺未遂まで起こした問題で、友人から相談を受け、助力したことがあります。幸い発見が早く、命を取り止めた友人の弟は、その後、国鉄管理者への道を選択、勉学の末、駅助役に栄進し、友人に感謝されました。ですから、「千七百人前後もの革マル派活動家」の離脱が、人知れずひっそりと完了するなど絶対にあり得ないというのが、体験に基づく私の実感なのです。

なお、立花　隆「中核VS革マル」には、「（「革マル派」と「中核派」とに別れる革共同の第三次分裂に際し）政治局で黒田氏についたのは、副議長の倉川篤氏（動労東京地本委員長の松崎明氏のこと）と政治局員の森茂氏だけだった。残り全部は本多氏の側についた。―中略―。労働者の組織の多くは中核派に移ったが、副議長の倉川篤（松崎明）氏が革マル派に移ったため、当時もいまも、革マル派の〝虎の子部隊〟である動労の組織が、ほぼ全面的に革マル派に移った」「大組織の上層部をにぎる小組織は、大組織全体を動かすことができるものである」などの記述があります。また、巻末年表には一九七四年（昭四九年）二月一四日の項に「狭山闘争集会で中核派と動労の内ゲバ」とゴシック字体で記されています。

二　松崎氏は従来、「一九七八年ころ、革マルを離れた」趣旨を著書や講演などで繰り返し公言してきましたが、最近は「労働運動指導者として生きていくことを選んだ最初から革マル派とは対立した」、「最初から〝松崎派〟であり、〝松崎組〟だった」などと開き直っています（「松崎明　秘録」同時代社）。

しかし、これが虚言であることを立証する資料として、たとえば次のようなものがあります。

＊一九七二年（昭四七年）「週刊新潮」（七月八日号）の取材記事

【私は、確かに日共や社会党に対しては大いなるふまんを持っていますが、しかし、革マルではあり

ません。新左翼という言葉も嫌いです。】

＊福原福太郎著「記録『国鉄改革』前後―労組役員の備忘録から―」

【（私は松崎氏から）国鉄改革の段階で、その革マル派を離れたと、聞いた……】

一九七二年の「週刊新潮」の取材で、松崎氏は、「（私は）革マルではありません」と断言していますが、これは動労・貨物安定輸送宣言の一九七八年の六年前になります。

これに対し、福原氏（元ＪＲ総連委員長）が松崎氏から「革マル派を離れた」と聞いたという「国鉄改革の段階」とは、一九八七年（昭六二年）頃ですから、こちらは動労・貨物安定輸送宣言の一九七八年の九年後になります。

更に念のため、松崎氏の、「いい加減発言」を幾つか次に列挙しておきます。

①「オレも確かに革マルの副議長だったが、理論じゃ労働運動はできない」（『フォーカス』昭和六〇年六月一九日号）

②革マル派は、「俺が辞めたと思ったときから辞めたことになる。別に辞めるための儀式なんてない」（『フライデー』平成六年八月一九日、二六日合併号）

③（革マル派を辞めたのは）「さあ、何年でしょうか。辞令が出ないのでよくわかりませんね。自分勝手に辞めただけのことですから」（『宝島』平成六年八月二四日号）

④「（革マル派とは）以前関係はあったが、今は全くない……。動労が貨物安定宣言を出した（昭和五三年一〇月以前に、もう（革マル派と）切れてますよ」（『サンデー毎日』昭和六一年八月一七日号）

⑤「一八七八（昭和五三）年に『貨物安定宣言』を行ったとき、私はまだ革マルだったと思う」（松崎

三　おそらく活動資金面を通じてのことでしょうが、松崎氏は、今や黒田寛一氏死後の「党革マル派」に対して絶大な影響力を行使していると思われます。

黒田氏生存の頃でさえ、党革マル派は、ＪＲ総連やＪＲ東労組の幹部に対しては、「坂入充は古参党員」、「古参党員としての加藤実」などと、秘密暴露や名指しで非難するなどしていましたが、松崎氏についてだけは一切批判せず、著書や講演内容などを高く評価するのみでした。そして、「革マル派によるＪＲ東労組ＯＢ坂入充拉致監禁」事件をめぐる紛争の最中においてすら、〝文書改竄〟を行ってまで機関紙「解放」で松崎擁護に走るなど、特別な崇敬姿勢を見せるなどしていました。

ここでいう〝文書改竄〟事例とは、革マル派による坂入充氏拉致・監禁事件に関連して救出支援要請のため、平成一二年一一月二七日、ＪＲ総連が本部政策部長四茂野修名で、「報道関係者各位」に対して公表した「海道錨」文書（※坂入氏事件を「革マル派の犯行」と断定して告発に踏み切ったＪＲ総連小田裕司委員長宛て送付されてきた「脅迫文書」）の原文（手書き）では、【松崎さんを先頭にして反スターリン主義運動を労働戦線に拡大する拠点として構築してきた動労型労働運動、この輝ける歴史……】となっていたものが、革マル派機関紙一二月一一日付「解放」（第一六四八号）の転載記事では、何故か、【松崎さんを―一九七八年まで―先頭にして反スターリン主義運動を労働戦線に拡大する拠点として構築してきた動労型労働運動、この輝ける歴史……】と「―一九七八年まで―」部分を挿入・改竄されていたというものです。

実は、党中央によって挿入・改竄されたこの「一九七八年」という年は、松崎氏にとってきわめて重要な意味を持つ年なのです。同氏は、自著の中で次のように記述しています。

「一九七八年に『貨物安定輸送宣言』を行ったとき、私はまだ革マルだったと思う」（松崎明「鬼が撃

つ」ＴＢＳブリタニカ p.130）

ですから、松崎氏が一九七八年以降も「海道錨」（坂入事件に際して、党側に立ってＪＲ総連及び東労組を批判したＪＲ北海道労組内部の革マル）を率いて先頭に立って革マル組織拡大のために闘っていてはまずいことになるのです。要するに党中央は、機関紙「解放」に改竄文書を掲載してまでして「松崎発言」とつじつまを合わせ、松崎氏を擁護したのです。

そして、松崎氏が、今や、黒田氏死後の「党革マル派」に対して絶大な影響力を行使していると思われる最大の理由は、「松崎明　秘録」で、松崎氏が革マル派を批判・罵倒しているのみか、教祖・黒田寛一氏についても批判、揶揄、罵言的言辞を弄しているという事実です。しかし、これに対して、唯我独尊、誇り高き党革マル派は「松崎明　秘録」の刊行に対して完全に沈黙しています。不可解どころか、ありえないというべき奇怪な現象です。

四．国鉄黒磯駅事件

これは、私の壮年時、国鉄東京北鉄道管理局総務部労働課補佐時代の一九七七年（昭五二年）に上司の特命を受けて取り組んだ「職場規律是正」に関わる事件で、拙著『もう一つの「未完の国鉄改革」』（月曜評論社平成一四年六月刊）の冒頭で詳述しました。

国労革マル派の活動家の煽動に乗せられて管理者に対する暴力行為に走った二名の国鉄職員（国労黒磯駅分会所属）を懲戒免職としましたが、主犯・元凶である同駅所属国労革マルＨとＮの二名は実行行為の確証が掴めず、切歯扼腕した想い出があります。

当時国労上野支部所属革マルだった「坂入充」がＨ、Ｎ側の蔭の総司令官として現地入りして指導にあたったり、国労問題なのに動労の権力者松崎明氏が突如登場（二名の懲戒解雇処分に対する総務部長への抗議電話）したりなど、様々なことがありました。同事件は二名の懲戒解雇者を原告、国鉄を被告とする訴訟問題に発展しましたが、一審、二審とも国鉄が勝訴し、原告と「支援共闘会議」側は上告しなかったので、高裁の判決が確定しました。善良な二名の国鉄職員を不幸にした、卑怯で狡猾なHとNは、松崎戦略の一環である「真国労」結成に参加してJR東日本社員となり、その後、Hは管理者（助役）になり、NはJR東労組のU支部委員長になりました。私は、U支部委員長時代のNとたまたま再会した際、「あの時、お前さんをクビにしようと真剣に取り組んだんだが残念だった。時代が変わって、本当に良かったな」と皮肉混じりにからかったら、Nは苦笑していました。

五．「松崎氏の革マル性」を示す資料として、警視庁公安部の綾瀬・豊玉アジトなど革マル派アジト摘発による押収資料の一部と思われる『神保順之自己批判書』がありますが、その中に、松崎氏が神保氏ら「トラジャ」（土方）の選定権者であることを示す件があります。

また、「革マル派による拉致・監禁」中の坂入充氏（セクトネーム「南雲巴」）が、報道機関や運輸省（当時）の幹部、産別労組トップなど各界の要人に宛てた手紙「私は訴える！」（二〇〇〇年一二月一七日付）の中には、「JR総連の仲間と革マル派中央との間の本来あってはならない対立」、「革マル派同盟員として長くやってきた私の誇り」、「一九九六年四月に発生した第二次三鷹事件に際して、八月の革マル派系労働者が主催する集会に、（JR）総連として船戸執行委員を連帯の挨拶に送ったことは記憶に新しい」、「われわれJR労研中央幹事会事務局（船戸、坂入、田岡、新潟の松崎）」、「権力は、私の人生に大きな影響を与えた人が（松崎明）会長であること、付き合いが長きにわたることを充分承知している」、「私が長年住んできた革マル派組織」、「私が微力をつくし戦闘的労組として育て上げてきたJR総連」などの重大内容が記述されていました。しかし、二〇〇〇年一一月三日〜二〇〇二年四月一三日の、約一年半もの革マル派による拉致・監禁生活を経て自宅に戻った〝南雲〟こと坂入充氏に対して事情調査し、全組合員に説明・報告するという労働組合として当然の責務を、JR総連とJR東労組は全く果たしていません。それどころか、そのような努力を払う気配すらありません。

六．元ＪＲ東労組幹部（党中央への献金も行い、幾つものペンネームを用いてＪＲ革マル派の諸段階の会議に熱心に出席していた活動家）からの伝聞情報では、「松崎氏の革マル性」について、次のとおりでした。

①松崎は、中央党官僚を対象に「Ｍスクール」（松崎学校）を開催して「党」側を熱心に教育・訓練していた（会場は「伊東さつき会館」や各地のホテルなど）。党中央には松崎シンパ、松崎ファンが多くいる。

②四茂野修や林和美その他の「動労・ＪＲ東労組直接採用者」は、党革マル派から「羨望の目」で見られている「選ばれた者」だ。

③松崎は巷間言われる「ナンバー二」ではなく、〝別格の存在〟、〝別格官弊大社〟だと感ずることが多かった。

④黒田生存時から既に「ＪＲ革マル派（松崎組）は、党革マル派を凌駕している」実感があった。

七．「松崎氏の革マル性」及び「ＪＲ総連・東労組が（ＪＲ）革マル派により支配されている」ことや「労組内への革マル組織の浸透」を証明しうる補助的参考資料

㈠　下記の〝断定記述〟に松崎氏及びＪＲ総連・東労組サイドから抗議や異議申立が全く行われませんでした。

「わが国旅客鉄道輸送の基幹的重要企業、ＪＲ東日本の最大労組である『東労組』、この五万人を超す

巨大労組が、たかだか数百人のＪＲ革マル派（＝ＪＲ産別革マル）の完全支配下にあることは歴然たる事実であります。この『断言』がもし間違っていたら、私はどのような責任でも取る覚悟です」（宗形　明『続　もう一つの未完の「国鉄改革」』〈月曜評論社平成一七年二月刊〉）

(二)　私はこれまで、平成一四年六月刊行の『もう一つの未完の国鉄改革』を皮切りにほぼ年に一冊の割合で「ＪＲ東日本革マル問題」のみに関する専門書を合計五冊刊行し、一貫して、例えば【何が本当の問題なのか？　松崎氏と革マル派の縁は切れていない。そしてＪＲ総連・東労組指導部はＪＲ革マル派の手に完全に握られている。この「現実」こそ本当の問題である。】（『続　もう一つの未完の「国鉄改革」』三〇〇頁）などのように、信ずるところを歯に衣着せず述べ続けてきましたが、この間、これら著書での私見の表明について、松崎氏及びＪＲ総連・東労組サイドから抗議も異議申立も一切受けていません。

【松崎氏による組合私物化】について

一．嶋田氏及び編集委員会著の『虚構からの訣別』に《（平成一四年）七月三〇日、ホテルエドモントに角岸委員長、石川副委員長、本間業務部長を呼び出し、（松崎）前顧問は六・七林（和美）レポートを出して「これがすべてだ。嶋田の委員長代行を外す。阿部の局長を外す。嶋田の後は石川やれ、阿部の後は本間がやれ」と通告し、角岸委員長を「その方向で……」と承知させたのである。》（同書一ページ）と記述されています。ここで、「本間業務部長」とは、その後、労組からの革マル排除を旗印に「ＪＲ東労組を良くする会」を起ち上げ、更に東労組を脱退、新労組「ジェイアール労働組合」を結成、同労組初代委員長に就任した本間雄治氏その人です。

　本間氏もその場に居合わせたこの場面こそ、「松崎氏による組合私物化」の実態を典型的に物語るものです。言論の自由が保障され、民主的に機関運営される「普通の労働組合」では、大会、中央委員会など、労働組合の正規の手続きを踏まずに幹部役員人事が変更されることなど絶対にあり得ません。しかし、松崎氏の発する言葉は超「組合規約」的〝玉言〟として東労組内部では取り扱われるのです（二〇三・一・二三ＪＲ東労組中央執行委員会見解」参照）。

　翌、七月三一日、角岸委員長は、前日松崎氏に命令された「嶋田副委員長の〝委員長代行〟を外す」「阿部局長の〝局長〟を外す」ことを、企画会議のメンバーに提起しました。そして、同年一〇月三一日の「嶋田、阿部、本間氏ら東労組本部中執八名一斉辞任」にまで至ったＪＲ東労組の激しい内部紛争が始まったのです。


二．松崎氏がオーナー（一人株主）であるという「さつき企画」は、ＪＲ総連の関連企業です。

　二〇〇二年（平成一四）の春、松崎氏の長男篤氏が「さつき企画」社長に就任しました。同社は社員十数人の小さな会社ですが、当初はかなりの黒字会社だったのに、篤社長の時代になってどうしたわけか赤字会社に転落してしまいました。二〇〇四年一月、篤社長は退任し、松崎氏の腹心といわれる奈良剛吉氏が「ＪＲ東労組副委員長」のまま、同社社長に就任しました。平成一六年一月吉日付挨拶状の差出人名は「株式会社さつき企画代表取締役非常勤社長ＪＲ東労組本部専従副委員長奈良剛吉」です。そして、二〇〇四年二月二七日、「さつき企画」代表取締役社長・奈良剛吉氏は、目黒さつき会館で開催された「第一九回臨時評議員会」の場に「さつき企画の経営再建のためのご協力のお願い」と題した一枚物の資料を提示し、「株式会社鉄道ファミリーによるさつき企画全株式の購入」及び「さつき企画の累積欠損額に相当する債務の債権放棄による解消」などについて承認を得ました。「反対意見は一切出なかった」と伝えられていますが、この〇四・二・二七「第一九回臨時評議員会」は、〝入院中〟の佐藤政雄理事長に代わって、小田裕司副理事長（JR総連委員長）が開会のあいさつを行い、報告・資料説明者は四茂野修（さつき会事務局長）でした。これはどう見ても、「松崎組幹部」（松崎ファミリー）総出演によって、「さつき企画」オーナーの松崎家が責任処理すべき赤字を、「株式会社鉄道ファミリー」（JR総連の関連企業）に転嫁するための儀式に外なりません。

【「松崎組」一党独裁による言論の自由、組合民主主義への抑圧】について

一．「東労組本部中執八名一斉辞任問題」に関わるJR東労組内部紛争の過程で、松崎氏は、同氏の指導方針に若干の疑義を呈した嶋田氏とその同調者（幹部役員）たちを次々と統制処分にかけ、除名、組合員権停止、役職剥奪などとしました。

松崎氏の愛弟子として、千葉地本委員長にまで登用された小林克也氏は、嶋田氏擁護の罪で委員長職から外され、労働組合での死刑である「除名」となり、関連会社への出向となりました。

同じく松崎氏に目をかけられていた横浜地本委員長の本間雄治氏も同様の憂き目に会いました。

嶋田氏側に立った長野地本と新潟地本については、正規の地方大会で選出された執行部を本部が認めず、専従申請が拒否されるなど、組合規約違反の弾圧と嫌がらせを繰り返し受け、地本組合員大方の意に反して役員選挙のやり直しをやらされました。

組合員個人としても、例えば長野では「土屋事件」（組合会議で〝カゴメ、カゴメ〟され、鬱病になった）などが発生、同種の事件が東労組各地本で頻発しました。

このように、JR総連とJR東労組においては、「異論は絶対許さない」という松崎組による一党独裁の組織運営が行われているのです。

四．本間雄治・陳述書（二〇〇九・三・三東京地裁）

「松崎盲従」のＪＲ総連・東労組の現状を批判して新労組を結成、本部委員長に就任した本間雄治氏は、私と同じく三月三日、「梁次邦夫原告裁判」の被告側証人として、東京地裁に出廷した。

同氏の「陳述書」を以下にご紹介する。

陳　述　書

一　私は、一九七七年に国鉄に入り、当初は北海道で勤務していました。

私は組合活動を一所懸命に行っていましたが、この頃、動力車労働組合の委員長であった松崎明氏が北海道に来たとき、私が三日間、同氏のボディーガードを兼ねて行動を共にしたことがあります。このとき、松崎氏の身に万一のことがあってはならないと思い必死の思いでいました。このときのことは、最近になって、妻から、「あの時、あなたは必死の形相だったわね」と言われるほどでした。

その後、私は、国鉄分割・民営化に伴う広域異動で横浜に異動しました。組合活動にさらに力を入れたつもりです。横浜地本では、長い間、書記長の職にありました。また、二〇〇二年にはＪＲ東労組の中央執行委員に選任されました。

しかし、この頃から、松崎明氏の独善的な言動に疑問を抱くようになり、これに対して率直な意見を述べたところ、松崎氏に「嘘つきグループ」の一員に加わったなどと言われ、ＪＲ東労組の中で徹底的に干されました。

ＪＲ東労組のこのような状況は本来のあるべき姿から外れていると思った私たちは、「ＪＲ東労組を良くする会」を結成し、その後、二〇〇七年六月にこの会と、私たちと志を同じくする人たちと共に、ジェイアール労働組合を結成しました。現在、私は、このジェイアール労働組合の中央執行委員長を務めています。

二　私は、かつて、ＪＲ各社の労働組合の中における革マル派の組織であるマングローブの一員でした。ＪＲ東労組など、ＪＲ各社の労働組合の中に革マル派の活動家が相当数いて、組合員の中から革マル派に理解を示す者を作り出し、同派に同調する者を育成し、最終的には革マル派の同盟員を育てる活動をしていたのは公然の秘密でした。

そのような活動の第一段階として、組合員の中で意識が高いと認められた者たちを、革マル派の機関紙である『解放』を購入させ、その学習会を行うことによって、革マル派の考え方を学んでいきました。この学習会に参加するメンバーは、組織防衛のためとして、本名ではなく、ペンネームでお互いを呼んでいました。

上記の学習会に参加しているメンバーは「Ｌ読」と呼ばれていましたが、その中でさらに上位のメンバーとなれると判断された者は、所定の手続（論文の提出など）を経て、「Ａメンバー」という段階に所属することになります。Ａ組織は、「ＲＦ」と呼ばれることもあり、革命的な組織とされていました。このメンバーは、一〇人から二〇人で「Ａ会議」を作り、そこで「マングローブ」と呼ばれるＪＲ内革マル派組織の指導を受けます。この中で、松崎氏や革マル派の考え方をいっそう注入されるのです。

ＪＲ東労組では、Ａメンバーやマングローブによって構成される基本組織メンバーがそれぞれの組織の基本方針を決めていますが、この基本組織を指導するのがＬＣ組織と呼ばれる革マル派の組織です。基本組織は各地方本部ごとにあるのですが、その基本組織を束ねるのがＬＣ組織なのです。

このようにして、ＪＲ東労組の中では、労働組合と革マル派の組織が密接に連携しており、労働組合であるＪＲ東労組の活動方針も人事も、革マル派の影響下にあるのです。

三　革マル派は、ＪＲ東労組に属する労働者から、毎月カンパを集めていました。教職員ら他産別組織では、給料に対するカンパの割合がキッチリ決まっていましたが、国鉄戦線（ＪＲ戦線）では、「人やその時に応じて」と、割と緩やかでした。

ＪＲ戦線の場合、最低でも一人当たり、月々三〇〇〇円はカンパしろということでした。私が書記長を務めていた横浜地本の場合は、「Ｌ読」（革マル派の機関紙『解放』の読者レベル）といわれるメンバーは月に三〇〇〇円、Ａメンバーでは、上位の者は月に二五〇〇〇円、下位の者は月に五〇〇〇円カンパしていました。私自身はＡメンバーでしたので、月に二五〇〇〇円カンパしていました。

また、ボーナス時にもカンパを集めていましたので、横浜地本だけでも月々のカンパは約四〇～五〇万円、ボーナス時で約二〇〇～三〇〇万円にのぼりました。

『解放』は年間購読でしたので、年に約一万七〇〇〇円を年払いし、これ以外に、革マル派の機関誌である『共産主義者』（年四冊発行）は毎号約一二〇〇円でしたから、年にすると約四八〇〇円で、これも年払いでした。

カンパは職場単位⇒支部単位⇒地本単位でそれぞれ集められ、地本単位の財務担当者（財担）が集まるＪＲ革マル派の「財担会議」が月一回、目黒さつき会館の地下で開かれていました。

私は、一九九四、九五年まで東京地本の所属でしたが、一九九六年七月六日に横浜地本を新たに作り書記長に就任しました。横浜地本では当初、教宣部長だった坂本昇一氏が財担を務めていましたが、一九九七年ごろから書記長の私が財担を引き継ぎ、少なくとも二〇〇二年まで私自身が毎月、「財担会議」に出ていました。

各地本の財担は、私を含めＡ会議を指導する「ＬＣ会議」のメンバーでもあり、「ＬＣ会議」は月に一回、泊まりで、各地本持ち回りで開かれ、東京地本が開催するときは五反田の「ゆうぽうと」などを使っていました。私も横浜地本を作る前の一九九四、九五年ごろから二〇〇二年までこの「ＬＣ会議」に出席し、同会議には梁次邦夫氏も出ていました。ちなみに東京全体の「ＬＣ会議」の最高責任者は石川尚吾氏でした。

私が財担に出席し始めた一九九七年ごろ（から大宮支社ができる二〇〇一年ごろまで）は、東京地本はいくつかの支部ごとに分かれていて、東京近辺の支部の財担が安達氏、西の支部の財担が佐藤哲夫氏、そして北の支部の財担が梁次氏でした。さらに、財担会議にはＪＲ東労組だけでなく、ＪＲ東海労やＪＲ貨物労組、ＪＲ西労の財担も出席していました。財担会議では、中央情勢の報告などが行なわれましたが、目的は〝集金〟でした。梁次氏は大雑把な性格でしたので、地本単位で集めたカンパをあらかじめ数えてくるのではなく、財担会議の場で数えていたことを記憶しています。

そして私や梁次氏は、いわば集めたカンパを上納する側でしたが、各地本の財担が集めたカンパを受け取り党中央に渡すのは小田裕司氏と田岡耕司氏の役割でした。

四　革マル派の党中央と、私たちＪＲ内革マル派の間には、一時、緊張関係がありました。この頃、私たちは、革マル派党中央のことを、ポルポト派になぞらえて「ポト」と呼んでいました。

私たちＪＲ内革マル派と、革マル派党中央（その代理となったのは弁護士でした）の間で話合いが持たれたこともありましたが、そのとき、小田裕司氏や石川尚吾氏などはＪＲマングローブの一員として革マル派党中央と交渉し、私たちはその防衛役として会場の付近をガードしていました。

しかし、その後、革マル派党中央との対立の重大な要素であった、革マル派党中央によるＪＲ組合員拉致事件について、ＪＲ総連が革マル派に対する刑事告訴を取り下げました。さらに、ＪＲ総連・ＪＲ東労組に対する捜索があったとき、かつて革マル派党中央を代理していた弁護士がＪＲ東労組の代理人となっている状況を見て、革マル派党中央との対立は解消されたか、あるいは、そのような対立はもともと存在しないのではないかと思うようになりました。

なお、この対立関係にあった頃（あるいは対立関係があったように見えた頃）を含め、松崎明氏は、その主催する学習会を年に数度、伊東さつき会館で開いていましたが、そのとき、同氏は、「自分（松崎）

は革マル派を作った一人であること。自分の実践を理論家したものが革マル派理論であること。革マル派中央がおかしくなっていて、正当な革マル派はわれわれであること。革マル派理論を正当に受け継ぎ、新たな革命党を建設することが必要であること。そのための労働運動場面における実践が必要であること」などを語っていました。このような話は、私だけでなく、高橋佳夫氏や石川尚吾氏なども聞いています。そういったときには、四茂野修氏が講師として来たこともありました。

五　上記のように、私は松崎明氏の言うことを絶対的に信じていたのですが、これについて疑問を抱くようになった契機が二〇〇二年七月のＪＲ東労組大会後の出来事でした。

この大会で、私は中央執行委員に選出され、その後の第一回執行委員会で業務部長に指定されました。しかし、その当時、私は横浜地本の書記長をしていたので、地本大会終了まで引き継ぎ以外は本部に出勤しませんでした。

私が本部に出勤したのは七月二九日でしたが、その翌日に本部役員の歓送迎会がホテル・エドモントで開かれました。ところが、その開催時刻の一時間前に、私と石川副委員長（当時）、角岸委員長（当時）は、松崎氏によって同ホテルに呼ばれ、そこで役員の担務の変更を言い渡されたのです。具体的には、①嶋田副委員長の委員長代行を外し、石川副委員長が担当する、②阿部組織研修局長を外し、本間が組織部長をする（「おまえ（本間）は局長などいらないだろう。阿部は職場があるのだから、職場に帰ればいい」というのが松崎氏の発言でした）というものでした。

中央執行委員会で何の役職も持たない松崎氏が中央執行委員会の担務変更を指示したのです。本部大会を終了してから一ヶ月も経たない時期に、他労組や会社の目を考えずに、何の権限もない人が指示をし、役員もそれに従わざるを得ない状況でした。

その歓送迎会以降、役職の変更はすぐには行われませんでしたが、本部事務所内では、嶋田副委員長と阿部組織研修局長に対する無視や、仕事を与えないなどの態度が明らかになっていきました。当然、本部だけでなく、組織全体に混乱は拡大していきました。

このような対応は、松崎氏の「積極攻撃型組織防衛論」の実践でした。職場では、嶋田・阿部を支持する発言をしようものなら、徹底的に追及され、「任にあらず」として一方的に組合の役職を剥奪されました。横浜地本内でも一〇〇人以上の役員が役職を追われました。

こうした事態を打開し、JR東労組を普通の労働組合に戻すために私たちが行動したことは事実です。しかし、それはあくまでJR東労組を良くするためなのです。

六　JR東労組内において松崎明氏が絶対的権限を有していることは、上に述べたところからでも明らかですが、それ以外に、金銭的な側面でも、同氏の絶対性は様々な方面で現われています。

たとえば、さつき企画という会社は、旧動労などで解雇された人たちの再就職先という目的で設立されたのですが、松崎氏の息子で、JRとは何の関係もない篤氏が同社の社長となったのです。同社の株主は松崎氏一人ですから、公私混同の極みと言ってもよい事態です。

また、鉄道福祉事業協会というJR総連の関連団体がありますが、この組織が各所に保養所を持っているということは、JR東労組の役員をしていた私でも知りませんでした。後になって、同協会は、「誰でも利用できる保養所」というパンフレットを作成しましたが、実際には、松崎明氏とその取り巻きだけがここを利用していたのです。

私たちはそのような保養所があることを全く知らされていませんでした。それどころか、私たちに対しては、組合役員が、「なぜあの人（松崎氏）が別荘が必要か、お前らならわかるだろう」と言い、松崎氏が秘密の別荘を持つことは当然であるかのように言っていたのです。もちろん、別荘が必要な理由とは、革マル派の最高指導者である松崎氏を、対立する党派や国家謀略部隊から守るということでした。

今から考えると荒唐無稽に思えますが、革マル派に囚われていた私たちには、それが当然であり、正しいことのように思えたのです。

松崎氏が組合財産を自由に利用していたことは、松崎氏だけが利用する車（ボルボやベンツなど）の費用が約四〇〇〇万円にのぼることや、ボディーガードと言われる人たちを総務の費用で負担していることなどにも現われています。

このような点を含め、『週刊現代』で私の発言として収録されている内容はいずれも真実です。

以上

五．松崎狂乱!!「ＪＲ革マル四三名リスト」裁判と福原「小説労働組合」裁判

(一)「ＪＲ革マル四三名リスト」裁判

昨年九月二二日、松崎とＪＲ総連・東労組側は東京地裁にいわゆる「ＪＲ革マル四三名リスト」訴訟を提起した。同裁判の被告は、ＪＲ東労組からの除名者及び脱退者で結成された「ジェイアール労働組合」（本間雄治委員長）の母体となった「ＪＲ東労組を良くする会」を起ち上げた嶋田邦彦、本間雄治、小林克也、阿倍克幸、新妻和裕、峰田尚男、斎藤藤俊、篠塚哲司、内谷仁の各氏である。

他方、原告側は、顧問＝松崎明、団長＝石川尚吾＆小田裕司、副団長＝千葉勝也＆鎌田寛司、事務局長＝大澗慶逸、事務局次長＝斎藤弘敦の豪華メンバーが「原告団」を構成している。

「ＪＲ革マル四三名リスト」裁判の第一回目公判は昨年一二月九日に開催されたが、これは書面のやりとり程度で、本格的に動き出すのは、二月一八日の第二回裁判以降になる。

ところで、なぜ突然的に昨年九月二二日、松崎とＪＲ総連・東労組側が東京地裁に「ＪＲ革マル四三

名リスト」訴訟を提起したのかということだが、これには次のような経緯があったと言われている。

先に述べたように、四茂野修氏原告【「週刊現代」関係裁判】は、昨年一一月一九日、東京地裁の判決が下され、被告西岡記者側の圧勝に終わったが、それに先立ち同年七月二四日に行われた四茂野修氏に対する西岡被告代理人（喜田村洋一弁護士）による〝最終・反対尋問〟において次のようなやりとりがあった（傍線は宗形）。

（代理人）「JR東労組を良くする会」の少なくとも相当部分が、「自分たちは革マル派であって、マングローブに属していた」と称していることは御存じですか？

（四茂野） それは知りません。

（代理人） この人たちは革マル派に属しているんじゃなかろうかと思ったことはありますか？

（四茂野） ありません。

（代理人） ないと断言される理由は何かあるんですか？

（四茂野） 私はそれなりに革マルの理論は研究しておりましたから、彼らの主張、彼らと議論した際に出てくる言葉は、そういう考えとはかなり違うものだと思っておりました。

（代理人）「JR東労組を良くする会」が、あなたご自身を、「革マル派」であり、「マングローブ」だと名指しで言っているということ、そのこと自体は御存じですね？

（四茂野） 知っております。

（代理人） この人たちが、「四三人リスト」というのを出したということについて、あなたご自身が、「JR東労組を良くする会」に対して何か抗議をしたということはあるんですか。JR総連として、抗議とか申入れというようなことをしたことはあるんですか？

（四茂野） ありません。

(代理人) だけど、週刊現代の記事であなたご自身としては提訴までしたわけですけれども、「ＪＲ東労組を良くする会」という組織がリストを公表したというわけですから、そこに抗議なりしてもよさそうに思うんだけれども、それをしなかった理由は？

(四茂野) ほとんど彼らは組織の体をなさなくなってきておりましたし、もう間もなく解体していくであろうということははっきりしていましたから、あえてそのようなことをする必要を感じませんでした。

四茂野氏の言う「ほとんど彼らは組織の体をなさなくなってきておりましたし、もう間もなく解体していくであろうということははっきりしていましたから……」どころか、〝革マル排除〟の旗印を掲げた「良くする会」は、その後、東労組各地本の分裂を誘いながら「ジェイアール労働組合」（本間雄治委員長）に発展、組織を拡大しつつ今日に至っている。

私の考えるところ、上掲のやりとりが伏線となって昨年九月二二日の突然的な松崎とＪＲ総連・東労組側による「ＪＲ革マル四三名リスト」訴訟の提起がなされた。おそらくは、残る重要二裁判、「松崎原告裁判」と「梁次原告裁判」でも同じような尋問が被告側代理人から行われることを危惧して、御大・松崎原告裁判開始前に、本心ではやりたくない「危険な訴訟」を提起せざるを得なかったのであろう。この故に私は上掲の傍線部分のやりとりがあったことを極めて重視している。「ＪＲ革マル四三名リスト」裁判の開始が、「松崎盲従ＪＲ総連・東労組」への弔鐘となる可能性が大だと思うからだ。

私がここでなぜ「ＪＲ革マル四三名リスト裁判」を「危険な訴訟」と言うかというと、同裁判の九名の被告は、その大方がＪＲ東労組の幹部役員であり、かつては松崎信奉者であり、松崎に目をかけられ、松崎の薫陶を直接受けた人々だからだ。そして、「良くする会」関係者の何人かを私が取材した際、「入党こそしなかったが、当時の頭の中は完全に革マルだった」、「カンパにも献金にも応じていた」、「党から派遣された高名な人物の講義も受けた」、「通勤、退勤の途次は通路を変え、常に〝尾行〟を警戒するよう指導されていた」「もちろん、機関紙『解放』も購読していた」などなど、およそ普通の労働組合ではあり得ない〝生々しい話〟を直接聞いていたからである。

先に、警視庁公安部による革マル派「綾瀬アジト」や「豊玉アジト」の摘発による押収資料を分析した結果判明した事柄を同部がまとめたものと思われる機密資料の一部を紹介したが、必要部分をここで再掲する。

◆革マル派構成員のランク、資格など

＊革マル派構成員は、大きく分けて「同盟員」と「非同盟員」からなる。

「非同盟員」は、活動歴、思想性、組織性等から、更にランク分けされ、「FLC」（フラクション指導部）、「RF」（革命的フラクション）、「LF」（左翼的フラクション）、「学習会」等の活動単位にそれぞれ編入されている。

また、どのランクにも属さない思想的水準が低く、経験の浅い者を「LD」（『解放』読者）と位置付けている。

これら組織内でのランクを証明する「証明書」等はなく、しかも、誰が同盟員であるかは組織内でも明らかにしていないので、一部の幹部しか知らないことになっている。

これからも判るように、要するに「JR革マル四三名リスト裁判」の被告九名の多くは、入党しなかったことから「同盟員」ではないが、「非同盟員」としての【革マル派構成員】（＝JR革マル派）であったことは間違いなく、「FLC」（フラクション指導部）、「RF」（革命的フラクション）、「LF」（左翼的フラクション）、「学習会」等の活動単位にそれぞれ編入されていたか、または、「ＬＤ」（『解放』読者）に位置付けられていたということである。そして、松崎明は別格として、セクト名「立花」の小田裕司氏や、セクト名「南雲巴」こと坂入充氏などはおそらく「同盟員」だということになるのであろう。

いずれにせよ、被告九名の錚々たる経歴からして、同裁判の進行過程において、松崎とＪＲ総連・東労組側にとって不都合な「衝撃的真実」が暴露され、松崎とＪＲ総連・東労組側が窮地に追い込まれることは確実だと私は思っている。しかし、被告らにとってこれは松崎元会長とその盲従者側から仕掛けられた戦争だ。自己防衛の戦いとして、知る限り全ての真実を明らかにして対抗しようとするのは当たり前のことである。

「ＪＲ東日本革マル問題」ウォッチャーの一人である私としては実に楽しみな展開であるが、「驕り」かそれとも「老耄」か、やはりこれも、このところとみに目立つ、松崎の戦略・戦術の〝誤算と蹉跌〟の大きな一つとして位置づけられるべきものであろう。

ともあれ、ここで〈参考〉として、ジェイアール労働組合（ＪＲ労組）ホームページ掲示板中の「ＪＲ革マル四三名リスト」裁判関連の投稿を紹介しておく。これを見ても、私が「危険な訴訟」と称する意味が判っていただけるだろう。

なお、「スパイ裁判」とは、松崎及びＪＲ総連・東労組側からの「ＪＲ革マル四三名リスト」裁判の呼称である。

◆ジェイアール労働組合（ＪＲ労組）ホームページ　掲示板

（無題）　投稿者：質問者　投稿日：二〇〇八年一二月九日（火）一一時四六分二一秒

今日はスパイ裁判の第一回口頭弁論です。

（無題）　投稿者：裁判官　投稿日：二〇〇八年一二月一〇日（水）一二時二一分五秒
　裁判どうだった？

（無題）　投稿者：検察官　投稿日：二〇〇八年一二月一〇日（水）二一時四五分一五秒
　東労組の勝ち！

（無題）　投稿者：エへへ　投稿日：二〇〇八年一二月一一日（木）〇三時〇三分二八秒
　ひとつとふたつとみっつ前へ

　その裁判とやらに、松崎某は当然来たんだろうな、また、フケたか？都合悪くなってフケるのは、どこか国の将軍様や某宗教団体の誰かと同じじゃん
ちなみに『週刊現代』裁判の四八連敗は組合員に説明したか？それとも『緑の風』に経過を載せたか？相変わらず自分達の都合の悪い事はダンマリかよ。先日、東の連中とJR労組の俺一人とで忘年会をやったけど、数人の彼らは『今の東は狂ってる』『浦和なんて関係ねぇ～』『もう少ししたら移る』『東なんて運輸だけの組合じゃあねぇ～か』、極めつけは『東なんて狂った役員だけの組合じゃあねぇ～か』だとさ
　後、『組合費の一四ヶ月は何の為に使うんだ？』とも言っていたな。ひとつとふたつとみっつ前の彼ら、これらの声にどう答える？
答えがないなら、この掲示板から退場しろその裁判とやらはJR労組は関係ねぇから東の掲示板で好きに言ってろ

（無題）投稿者：警察官　投稿日：二〇〇八年一二月一一日（木）二〇時二四分二七秒
組合費一四ヶ月分のうち二ヶ月分（ボーナス分）は教祖様のために使います。

(二) 福原「小説労働組合」裁判

松崎ＪＲ総連・東労組側が「ＪＲ革マル四三名リスト」裁判を提起したとき、まさかとその無謀さに驚いたのだが、「危険な訴訟」がもう一つ加わった。

何の成算があってか、松崎・ＪＲ総連・東労組側は、昨年一二月八日、谷川忍著『小説　労働組合』によって著しく名誉を毀損されたということで、実著者の福原福太郎氏に対し訴訟を提起したのである。受けて立った福原氏は、何と！「喜田村洋一弁護士」（ミネルバ法律事務所）に法廷弁護を依頼したという。喜田村先生は、「ＪＲ東日本革マル問題」にからむ裁判の法廷経験が豊富な腕利き弁護士である。そして何よりも、「四茂野修原告裁判」、「梁次邦夫原告裁判」、「松崎明原告裁判」における西岡研介被告の法定代理人なのだ。

次章の松崎明・証人尋問（二〇〇九・一・二六　東京地裁）の中で、松崎は、「福原は革マルだった」と証言している。私にとって、こんな興味深い裁判はない。おそらく、「ＪＲ東日本革マル問題」関係裁判の締め括り、総決算的位置づけになる重要裁判となることだろう。

ところで、本章第二項、松崎・ＪＲ総連・東労組側による「全国五〇乱発訴訟」提起の項のタイトルを「松崎半狂乱!?～」とし、本項のそれを「松崎狂乱!!～」としたことについて簡単に説明しておきたい。

私は、思想的には対極にあるとはいえ、人間的には「国鉄・ＪＲ労働運動史における逸材」、「稀代の労働運動指導者」と高く評価する人物であるのに、その松崎ともあろう者が「全国五〇乱発訴訟」の愚に止まらず、何故㈠、㈡のような〝両刃の剣〟的「危険な訴訟」にまで足を踏み入れてしまったのか不思議でならなかった。それが、「なるほど、そうだったのか……」と一挙に理解・納得したのは、次章で紹介する「松崎明・証人尋問（二〇〇九・一・二六　東京地裁）」の傍聴者記録（概要）を目にした時である。

「松崎明原告裁判」（二〇〇九・一・二六　東京地裁）の原告側代理人（渡辺千古弁護士）による松崎原告に対する主尋問（通常、周到な事前準備可能な「味方同士」のやりとり）の最後近くに次のような興味深い場面がある（傍線は宗形）。

【主尋問】
※「弁護人」とは原告・松崎氏代理人（渡辺千古弁護士）

○東労組本部役員辞任メンバーについて

（弁護人） 記事（宗形注：「西岡研介記者執筆」）に出てくる本間、小林、阿部、峰田などは知っているか。
（証人） はい
（弁護人） あなたに叛旗を翻したためにパージされたと書いてあるが
（証人） 根も葉もない話だ
（弁護人） あなたの独善的な運営、組織の私物化に反対したからパージされたのでは
（証人） 違う。浦和電車区事件で、東労組本部に捜索が入る前日に、勝手に辞めたのだ

（弁護人）なぜ、この人達がいなくなったとあなたは考えているのか
（証人）捜索が入ったら、それなりの責任を取らなければならないと思っていたからではないか
（弁護人）それだけか
（証人）嶋田は出世欲の強い男で、委員長を狙っていたが叶わなかったからではないか
（弁護人）記事について放置しているのか
（証人）裁判所に訴えた
（弁護人）福原福太郎は、『小説労働組合』を書いているが、書かれていることは事実か
（証人）違う。すべて嘘だ
（弁護人）福原は、引退を勧告したことに対し、あなたが激怒し、それによってパージされたと記述しているが
（証人）あり得ないことだ
（弁護人）「武藤」と書かれている佐藤政雄氏に対して、証人が「自殺すれば被害は最小限に食い止められる」などと発言したことになっているが
（証人）でっち上げだ
（弁護人）このことで訴訟を起こしたか
（証人）起こした

ここで、本項の㈠で既述した昨年七月二四日に行われた四茂野修氏に対する西岡研介記者側の訴訟代理人（喜田村洋一弁護士）による〝最終・反対尋問〟中の「（傍線宗形）」部分を参照していただきたいのだが、要するに、松崎主導の無謀な「全国五〇乱発訴訟」提起の結果が裏目に出てしまったことの経過から、危険な「ＪＲ革マル四三名リスト裁判」を起こさざるを得なくなり、更には彼らにとっての命綱、

何よりも大切な「御大登場」(〇九・一・二六・反対尋問:三時間)場面における「防御の完壁」を期するため、遂に、〝自分で自分の首を絞める〟「福原『小説労働組合』裁判」にまで踏み込んでしまったということだ。「松崎戦略の完全な破綻」である。盲従者集団に囲まれた独裁者の悲劇!

「松崎明の誤算と蹉跌」の象徴ともいえるこれらの〝危険裁判〟について、ある人曰く。

「自縄自縛の〝自爆〟裁判」だ、と。正に至言、「激しく同感」である。

Ⅳ．「ＪＲ東日本革マル問題」に画期的な松崎明・原告証言（二〇〇九・一・二六　東京地裁）

一．松崎明・証言速記録の一部抜粋紹介と若干のコメント

平成二一年一月二六日、いわゆる「『週刊現代』関連乱発訴訟」の終盤で、異形の労働組合指導者・松崎明が証言台に立ったことで、内外の注目を集めた。松崎本人が三時間もの長きにわたって法廷に立ち、しかも厳しい「反対尋問の嵐」に遭遇したのはおそらくこれが最初の経験だったのではないかと思う。

当日の裁判は、一〇時三〇分から一六時四〇分まで、東京地方裁判所一〇三号法廷で行われた。なお、冒頭で松崎原告の代理人として「主尋問」を行なった渡辺千古弁護士は、「ＪＲ東日本革マル問題」関連裁判ではお馴染みの弁護士で、余談だが、三〇年近くも前、かつて私が関係した「国鉄黒磯駅事件」（黒磯駅「国労革マル」活動家の教唆・煽動によって崩壊した同駅の「職場規律」を是正した事件）の裁判においても、管理者への暴力行為と職場規律違反を理由に国鉄当局が懲戒免職した二名（「Ｓ・Ｋ」と「Ｎ・Ｔ」）の弁護をした人物である。そして、公安警察筋からの情報では、先に紹介した本間雄治氏の陳述書で「革マル派中央を代理していた弁護士」というのも、この渡辺千古氏であるようだ。

㈠　被告側代理人による「反対尋問」と松崎・原告の応答速記録

松崎原告にとって問題は「反対尋問」である。以下に、当日の裁判（第一四回口頭弁論）速記録の一部を抜粋紹介する（※〈　〉内の小見出しは宗形）。

※〈松崎原告の収入や個人資産と預貯金の流れなど関係〉

翌〇三年には基本的なすべての組合の役職から退任されたということでよろしいでしょうか。

　はい、結構です。

それで主尋問でのお答えと関連してお尋ねします。給与やなんかもありますというお話しがありましたのでお尋ねしますが、JR東労組の委員長であったころの給与というのは、時期によって違うのかもしれませんが、およそどのくらいでしょうか。

　覚えていませんね。

億はもちろん行ってないと思いますが、一〇〇〇万は超えたんですか。

　年俸一〇〇〇万かという意味ですか。

それを超えるのか、それより超えないのかという程度ではどうでしょうか。

　はい、それくらいだと思いますよ。

一〇〇〇万程度。

　はい、よく覚えてませんけど。

会長としての年収も同じくらいですか。

　だと思います。

JR東労組の顧問になってからも給与の支払等はあったんでしょうか。

　給料はいただいているかどうかよく覚えていませんね。手当は頂いていますけどね。

手当というのは、何手当というんですか。

顧問手当ですね。

顧問手当の額は年額どのくらいになるんでしょうか。

五〇〇万以下だと思いますね。

総連の特別顧問としての手当もあったんでしょうか。

いや、それはないと思います。

そうすると、定期的なものとしては二〇〇二年にＪＲ東労組の顧問をお辞めになったところで一応終了したということですか。

だと思います。

松嵜さんは、いろんな資産をお持ちになっていたということも主尋問で出ましたのでお尋ねしますが、一九九五年七月にラビ目黒の二〇一号室を購入されましたか。

はい。

これは幾らでしたか。

それはよく覚えておりませんが、五〇〇〇万とか六〇〇〇万とか、そういうところじゃないですかね。

これは現金でしたね。

いや、分割で払っていますね、たしか。

いずれにせよ頭金も必要だったと思いますけど、それの原資というのはどこから来たんでしょうか。

私のお金ですから、別によそから来たわけではありません。

委員長としての収入、あるいはそれ以外に株とか著作印税のようなものがあったんですか。

はい、ありました。

どのくらいあったんですか。

株は、たしか最終的には六〇〇〇万円だと思います。

六〇〇〇万円相当の株式を保有していたことがあるということですか。

　売却したということですね。

いつごろ売却されたんですか。

　覚えていませんね、バブルが落ちる前ですからね。

八九年以前ということですか。

　よく覚えていません。

バブルのころに売ったことは確かですか。

　そうだと思います。

売ったお金はどうしたんですか。

　お金をどうしたか……。

貯金したとか、別のものの資産の購入に充てたとか。

　よく覚えていませんね。

一九九五年九月と思いますが、沖縄の今帰仁村の土地を購入したと思いますが、これはだれの名義でしょうか。

　これは妻松嵜光子ですね。

奥様が、御自分のお持ちのお金を出して購入されたんですか。

　いや、私を含めた家族だと思いますけれども、名義は妻ではないと思いますね。

名義は妻ではないというのはどういう意味ですか。

　土地の代金は、東労組に預けていたのかもしれません。

だれが。

　私が。

あなたのお金をＪＲ東労組に預けていたんですか。

　そうだと思います。

幾らくらいですか。

　そうですね……ポーランドに寄付をして、その後皆さんが松嵜だけにやらせるのはということでいろいろ協力をしていただいて、それと私の従来からの資産と、あったものの中からではないかと思いますが。

私の質問は、あなたがＪＲ東労組に預けたお金というのは幾らくらいですかという質問です。

　五〇〇〇万前後じゃないでしょうかね。

いつごろ預けたんですか。

　いや、よく覚えていませんね。

そんなお金をいつ預けたか覚えていないんですか。

はい。

今帰仁村の土地の上に建物が建ったと思いますが、この建物はだれの名義で建てたんでしょうか。

　この名義はさつき商事だと思います。

さつき商事ですね。

はい。

それは、さつき企画の前身の会社でしょうか。

　そう理解されて結構です。

ということは、あなたの奥様名義の土地の上にさつき商事名義の建物が建ったということですか。

　そういうことです。

奥様とさつき商事との間で何か契約を締結したんですか。

いいえ、何もありません。

その建物のお金はさつき商事が出したんですか。

いいえ、違います。私です。

どうしてさつき商事の名義にしたんでしょうか。

私の名前を出すことには様々、殺すとか殺さないとか、いろいろ障害がありますから、私の名前はださないことにしました。さつき商事の名前にしました。

奥様だけのお名前なら分からないだろうということですか。

そうです。

あなたとさつき商事との間では何か契約したんですか。

いいえ、しておりません。

建物の建築費は幾らくらいでしょうか。

そうですね……四〇〇〇万とかくらいかもしれません。

四〇〇〇万のお金をさつき商事の名義で借りるに当たっては、何の契約もしなかったということですか。

そういうことです。

松嵜さんとさつき商事とはどういう関係にあるんですか。

特別の関係はありませんが、さつき商事を私が作ったんではないんですが、私の前任者たちがさつき商事を作ったときに……役員をやっていたかどうか分かりませんが、ともかくさつき商事の名前を借りたんですね。

さつき商事は、例えばあなたの個人会社とかファミリーで持っている会社ではないわけでしょう。

はい、違います。

そういう会社であるさつき商事の名義で建物を建てるについても、特段何の契約等もしなかったということですか。

はい、そうです。

その建物の建築費の原資はどこから出たんでしょうか。

ですから、それはポーランドのアンジェイ・ワイダさんに対する協力のために土地を売却して、その一部と、それから仲間たちが私だけに出させたということでいろいろ出してくれたものと、株、講演料その他を充てたと思います。

アンジェイ・ワイダさん、あるいはその日本関係のものに対して寄付されたのはいつごろなんですか。

一〇周年に行ってきたんですから、今から一五年くらい前ですかね、よく覚えていませんが。

一九九二年一一月の毎日新聞に、ＪＲ東労組委員長の松嵜さんがポーランドの日本美術館建設のために埼玉県東松山市の自宅を売却して寄附したという記事がありますが、これのことですか。

そう思います。

九二年の秋ころ。

ああ、そうですかね。

そう言われればそんなものかということですか。

はい。

このとき、あなた御自身は幾ら寄附したんですか。

五〇〇〇万くらいじゃないでしょうか。

五〇〇〇万。

はい。

もっと多いということはないですか。

分かりませんね。ともかく私の坪単価があのときに八〇万でした。一〇〇坪です、私の持ち分は。その後、税金を除いたものはすべて寄附しました。

土地というのは、どこの土地のことですか。

埼玉県東松山の土地ですよ。

―（中略）―

いつ売却したんですか。

ですから九二年前でしょうね、売ったのが新聞記事に出てるんだとすれば。

九二年一一月の毎日新聞記事ですから、それより前に売ったんですか。

そうですね。

―（中略）―

その土地を本当に一九九二年の秋ころ売ったんですか。

そうですね。

売った人は個人ですか。会社ですか。

個人です。

名前は覚えていますか。

覚えておりませんが、二区画になっているはずですから、お二人だと思います。

この土地に抵当権を設定したということはないですか。

抵当権の設定ね……覚えていませんね。

鉄道福祉事業団からお金を借りた、それで抵当に出したということはないですか。

覚えていませんね。

売却したことは確かに覚えているんですか。

覚えています。

それが一九九二年一一月より前であるということも確かに覚えているんですね。

そうですね。

そして、沖縄の今帰仁村の土地建物ですが、九五年に奥様名義で土地、九六年にさつき商事名義で建物となってますが、そうすると、これはあなた個人の、あるいはあなたと御家族の私的なプライベートな持ち物ということでしょうか。

はい。

利用されるのも御家族、あるいは御家族から招待された方ということですか。

はい、そう思ってました。

これは別荘としてお使いになっていたんですか。

そうです。

この今帰仁村の土地建物は、その後どこかに売却されましたか。

売却しました。

どこに売却されましたか。

……福祉事業協会だと思います。

二〇〇〇年一月ころでしょうか。

よく覚えていませんが、そう言われればそうでしょう。

鉄道福祉事業協会に売却したということですが、売り主はだれになったんですか。

……よく覚えておりませんが、松嵜明か……福祉事業協会に売却したんですから松嵜明だと思いますね。

奥様は出てこない。

いや、土地はかみさんですから。

お二人が売り主になったということですか。

　そうだと思います。

その代金はどうやって支払ってもらったんですか。どうやってというのは、例えば口座に振り込んでもらうとか、現金でもらうとか、預金小切手でもらうとかいろんなやり方がありますね。これだけ高額なものですから、どうやってもらったんですか。

　いや、よく覚えていませんね。

余り関心がないんですか。

　そうですね。

幾らくらいだったんですか。

　当時、鑑定士に見ていただいたんですから、建物が三千数百万だと思いますね。

それで土地は。

　分かりませんが、二〇〇〇万前後じゃないでしょうか。

五千数百万の代金を受け取ったわけですね。

　だと思います。

その代金をどうやって保管したんですか。

　……。

いったんあなた名義の口座に入金したんですか。

　売った代金は、東労組が保管してくれたんじゃないですかね。よく覚えていません。

保管してくれたというか、あなたが依頼したんですか。

　まあそうでしょうね。

どうして依頼したんですか。

どうしてって、別に東労組の皆さんが、いろんな方が出していただける金をそこに入れてましたから。

ですから、そこに私のも入れていただいたと思います。

皆さんから幾らくらい寄附してもらったんですか。あなたの言い方で言うとカンパしてもらったんですか。

私ばかりに出させたということで、多くの方から頂きましたが、一五〇〇か二〇〇〇万以内だと思います。

それは贈与してもらったんですか。

いいえ、みんなで出そうということになっていて、出さずに私が出しましたから、それに対して皆さんも分担をしてくれたということですね。

皆さんがカンパしたお金は東労組の口座に入れたんですか。

そうだと思いますよ。

だって、あなたが五〇〇〇万なら五〇〇〇万のお金を出したわけでしょう。

はい。

その分をあなた一人に負わせておいたんじゃかわいそうだと、あるいはもったいないということで皆さんが応分の負担をされたということだから、あなたのところに振り込めばいいんじゃないの。だから、便宜的に東労組がその件を扱っておりましたから、東労組の口座に入ったんでしょうね。

東労組の口座から一五〇〇万か、もう少しか分かりませんが、いったんカンパで集まったお金はあなたの口座に入ったんですか。

入ったんだと思いますね。

これは記憶があるということですか。

よく覚えておりませんが、城南信用金庫という銀行に入れたかもしれませんね。よく分かりません。

城南信用金庫にあなた名義の口座があったんですか。

　ありますね。

あったんですか。

　あったと思いますよ。

一九九五年ころあったんですか。

　そう思いますけど。

そこに皆さんのカンパをもう一度あなた名義の口座に入れ直したわけですか。

　そう思います。

それで、今帰仁村の土地建物を福祉事業協会に売りまして、そのお金がＪＲ東労組名義の口座に入ったんですか。

　……よく分かりませんが、多分そうだと思います。

奥さんも含めてあなたが売り主となれば、あなた名義の口座に入るのが普通だと思うんですが、そこでＪＲ東労組の口座が出てくるのはなぜなんでしょうか。

　ですから、東労組の口座に皆さんがいろいろ入れていただいているから、そこに便宜的に入れてくれたんだと思います。

今帰仁村の土地建物を売却して、売却した代金をどこの口座に入金させるかということをあなたが指定したわけでしょう。

　そう思いますね。

そのときに、なぜＪＲ東労組の口座を指定したんですか。

　今帰仁村を売って……よく覚えておりませんね。

ＪＲ東労組の口座に入金させたことは確かだけれども、その理由は覚えていないということですか。

　はい、そう思います。

そう思いますじゃなくて、そうなんですか。

　よく分からないから。

どこが分からないんですか。ＪＲ東労組の口座に入金させたこと自体も分からないのか、あるいは入金させたことは確かだけれども、その理由が分からないのか、どういうことでしょうか。

　後者だと思います。

あなたはしょっちゅうＪＲ東労組の口座に自分のお金を預けたりしていたんですか。

　そんなことはありませんね。

普通はそうですね。

　はい。

そのとき、どのような立場であったか、仮に代表者であろうとも、代表者個人のお金と労組のお金が峻別されるべきことは当然ですね。

　当然です。

だけど、このとき、なぜＪＲ東労組の口座にあなた個人の財産である今帰仁村の土地建物の代金を振り込ませたのか、理由は不明ということですね。

だから、これは東労組が便宜的に預かっていてくれたので、その口座に私のものを入れてもらったと私は思っています。

一時預かってもらったのは、九二年のポーランドの件であなたが五〇〇〇万出した後のみんなの分担金を預けてもらっただけでしょう。

　そう思いますよ。

何年も前のことですね。

はい。

その後、あなた名義の口座に一五〇〇万とか二〇〇〇〇万は振り替えられたんでしょう。

覚えていませんね。

また覚えてないの。

はい。

日本福祉事業協会に売却した理由は何でしょうか。

これは、私が取りあえず別荘にしようと思ったんですが、その周辺が次第にいろいろとかぎ回るようなうさん臭い動きがありましたので、これを手離すことにしたんですね。

その鉄道福祉事業協会のほうは何のためにこれを購入したんでしょうか。

福祉事業協会は、いろいろあちらこちら土地を買ったりしておりましたから、そういう中で私が多分あそこはもう危ないからと、そう言ったので買ってくれたと思います。

鉄道福祉事業協会は、事業協会として購入するメリットがなければ買わないでしょう。例えば、保養施設として利用するために購入するというのであればそうでしょうし、あなたの窮状を見かねて買ってくれたんですか。

いや、私自身はそれよりも最初は別荘の目的がありましたから、それからいろんな方にも御利用していただけるようにという話もしておりましたから、その意味では福祉事業協会が希望する者に広く使わせるという話をした覚えがあります。

福祉事業協会は、協会の保養施設として利用するために今帰仁村の土地建物をあなたから購入したということですか。

はい、差し当たりそういうことだと思います。

九六年に建物ができてから〇〇年に鉄道福祉事業協会が売却するまで、あなたはこの土地建物をよく利用していたのですか。

　そうですね。頻度としては夏に行ってましたし、冬も行ってましたから、そういう意味では年に二、三回は利用したと思いますね。

―（中略）―

〇〇年一月ころに鉄道福祉事業協会に今帰仁村の土地建物を売却した後、福祉事業協会ではこの建物を保養施設として広く組合員等に広報宣伝していましたか。

　していません。

それはどうしてでしょうか。

　これは組合のものじゃないからですね。

―（中略）―

福祉事業協会の保養施設はだれが使えるんですか。

　福祉事業協会は会員になっている方ですね。

事業協会の協会員ということですか。

　賛助会員ですね。

賛助会員でないと使えないわけですか。

　多分そうだと思いますね。賛助会員と一緒に来れば使ったかもしれませんよ。

二〇〇四年二月になると、鉄道福祉事業協会はこれを保養施設として宣伝するパンフレットを作っているんですけれども。

　ああ、そうですか。

だから、だれでも使えるんじゃないですか。

　それはそうでしょうね。

東労組の組合員なら。

　そうでしょうね。

あなたの言ったことと違うのではないですか。

　それは私は全部覚えているわけじゃありませんから、最初はともかく賛助会員だと思いますよ。

知らない。

　賛助会員だと思いますよ。その後、そうなったんじゃないでしょうか。

──（中略）──

あなたは、坂入さんという人を知ってますか。

　知ってますよ。

どういう人ですか。

　この人は国鉄労働者で、もうとっくにＯＢになってますが、組合の役員活動家でした。

革マルの活動家ですか。

　革マルの活動家とは言えないでしょうけど、革マルに入っていたことはあります。

あなたが、沖縄の今帰仁村の別荘に坂入さんをかくまっていたのではありませんか。

　そういう事実はありません。

かくまっていたということじゃなくても、泊まらせていたということはありませんか。

　ありません。

坂入さんを泊めたことがなくても、坂入さんとの関係でこの沖縄の別荘を手離したんだということをだれかに話したことはありますか。

　ありません。

坂入さんは沖縄の国際通りで財布を落として交番に届けて、松嵜さんの別荘の住所、電話番号を告げてしまったから危ないと思って手離すことにしたんだという話をしたことはありませんか。

そうですね、そういう話はしたことはないと思いますが、坂入君がなくしたか盗難に遭ったか分かりませんが、そういう事件があったことは事実ですね。

落としたかどうかは別として、そんなこともあって、万一をおもんぱかって別荘を手離したということはあるんですか。

直接その事件とは関係ありませんけどね。

ハワイに二つ建物、あるいはコンドミニアムを購入されたことがあると思いますが、最初に購入されたヒロの建物、これは九九年四月ころ購入されたということでよろしいですか。

ああ、そうかもしれませんね。

金額としては二一〇〇万円程度というのがアメリカの記録のようですが、大体そんなものですか。

そんなものだと思いますね。

その原資はどうされたんですか。

私のお金です。

二一〇〇万円まるまる。

はい。

それは、今までに貯めていたようなものをそのまま使ったということですか。

そうだと思います。

当時、あなたは資産をどうやって保管あるいは運用してたんですか。

よく覚えておりませんが、銀行等それから郵便局等にはそれなりに預けております。

このヒロの建物というのはあなた個人のものということですか。

そうです。

組合とは一切関係ないわけですね。

　関係ありません。

翌二〇〇〇年四月に今度はコナのコンドミニアムを約三三〇〇万円で購入されていますが、これも大体時期、金額はこんなものですか。

　そんなものだと思います。

その原資は。

　コナの原資は……私が払い込んだ国際交流基金という名目の中ではないかと思います。

国際交流基金というのは、だれが設置したものですか。

　それは組合です。

どこの組合ですか。

　東労組とＪＲ総連です。

そこにあなたのお金を振り込んだんですか。

　そういうことです。

いつごろですか。

　先ほど申し上げたとおりですが、年月日はよく覚えておりません。

分からないのでもう一度、大体でいいので。

　だから、先ほど私の弁護士のほうから言ったときですね。

分からないのでもう一度おっしゃってください。

　ですから、日時はよく分かりません。九十何年ですかね……よく分かりませんね。

じゃあ、何か売った代金をその国際交流基金の口座に入れたんですか。

　……三八〇〇万というのは覚えているんですが。

先ほど、主尋問のときに甲三九号証ということで預金の出入りを示す取引経過一覧というものを見ていただいたようですが、あれが国際交流基金の口座なんですか。

はあ……そうかもしれませんね。

はっきりした記憶はない。

はい、ありません。

これは、あなたが国際交流基金の口座に三八〇〇万円を入れたということですか。

多分、事業協会などの書記さんがやってくれたのではないかと思います。

実際の手続きはだれがやったかはいいんですが、あなたの発意というか、あなたの指示に基づいて、あなた御自身のお金を国際交流基金の口座に三八〇〇万円入金した、あるいはさせたということですか。

私は特別に指示をしておりません。

三八〇〇万円という金額ですから、あなたの了解なしに勝手に動かすということはあり得ないでしょう。

ですから、私が使うものですから、その処理をしてもらったんですよ。

ですから、取りあえず国際交流基金の口座に入れておいてくれというようなことを依頼したということですか。

私は、そういう依頼をしておりません。

国際交流基金の口座にあなたのお金を入金することを決めたのはだれですか。

それは、その事務を担当していた方だと思いますよ。

だれですか。

事業協会の山崎玲子さんですね、と思いますけど。

あなたは、自分のお金である三八〇〇万円がどこに入金されたのか当初は知らなかったということですか。

いや、私はどこでもよかったんですよ。要するに、国際交流のためにいろいろ使おうと思っていましたから、そもそもコナなどに何かを買おうと思ってそこにお金を入れたわけじゃないですから、取りあえず私が使えるようにしておいてもらえばいいだけのことで、それだけのことです。

国際交流基金の口座というのは、ＪＲ東労組等が設立した国際交流委員会のために使う諸経費を支出するための口座でしょう。

そうです。

そこにあなた個人のお金を入金したんですか。

そういうことです。

国際交流のために使うお金は、当然国際交流委員会がこんな事業をやりましょうとか、こういう予算を立てましょうとやって決めるわけですが、そういうことも決めないまま、あなたは三八〇〇万円を国際交流基金の口座に入金したんですか。

私が入れたわけではありませんが、そのような手続きを山崎さんがやってくれたということです。

だから、その点についてあなたは事後的にではあれ了承したんですか。

支出するときに分かったですからね。

じゃあ、支出するまで分からなかったんですか。

分かりませんね、別に。

三八〇〇〇万円がどこにあったか。

はい。

あなたは、当時資産は幾らくらい持っていたんですか。

分かりませんね。

全然分からないの。

はい。

全然気にされなかった。

　余り気にしないたちですね。

だけど、報告はあったでしょう。三八〇〇万円、どうしましたかと、ここに入金してありますとかいうのは。

　いや、私は特別聞いていませんから。

どこかにあると思っていたの。

　それはそうですよ。

もちろん勝手に使い込むわけじゃないからね。

はい。

それで、国際交流のために使おうと思っていたんですか。

　そうです。

どこにあるか分からなかったわけでしょう。

はい。

国際交流基金の口座にあるか分からなかったわけでしょう。

はい。

でも、国際交流のために使おうと思っていたんですか。

　私は、国際交流基金を善意で作りましたから、必要なところにいろいろ支出をするということを思っていましたから、私のお金をどこの口座に入れようと、どう使おうと、必要があればそれは組織と相談して、国際交流委員会のメンバーと相談してやるということですから、特別に気にしておりません。

三八〇〇万円を国際交流基金の口座に入金するに当たって、事前に国際交流委員会の人たちに通知あるいは了承を求めたんですか。

　しておりません。

国際交流委員会のほうだって、あなた名義で何も知らない三八〇〇万円のお金が突然入金になっていたらびっくりするんじゃないですか。

　そんなことはないと思います。

しょっちゅうあったんですか。

そんなことはありません。私は善意ですべてやっていますから、私を変に疑うなんていう、そんなことはないですよ。

別に疑うんじゃなくて、三八〇〇万円の入金があれば、これは寄附なんですかとか、これはどういう性質のお金ですかと聞くのが普通じゃないですか。

　いや、それは別に聞かれておりません。

──（中略）──

（コナの物件を買う）お金として出したのはあなたのお金なんですか。

　そうです。

そうすると、実際の使い道がどうなるかは別として、所有権なりということで言えば、これはあなた個人のものということですか。

　そうです。

組合とか交流基金とかその他いろんな関連会社、団体は関係ないわけですね。

　ありません。

さつき企画とも関係ないですね。

　ありません。

そのお金を支払うに当たって、だれに、どういう指示をしたんですか。

　ですから、これは山崎さんという書記と林和美さんという書記と、これはシティーバンクに外貨口座を持っていることはよく知ってましたから、それで林和美さんにお願いしたということになっております。

なっておりますというのは、あなたが指示したんでしょう。

　と思いますよ、もちろん。

とすると、国際交流基金の口座から幾ら引き出したんですか。

　三〇〇〇万円だと思います。

そして、それをシティーバンクの林さん名義の外貨口座に移したんですか。

　そうです。

そこからアメリカの不動産の持ち主に送金したということですか。

　女性の不動産屋さんの指定するところに入れたですね。

コナのコンドミニアムの代金は幾らくらいですか。

　三〇〇〇万円くらいだと思いますね。

そうすると、これが二〇〇〇年四月くらいということだと思いますが、九九年四月にヒロを買って、二〇〇〇年四月にコナを買って、このころはハワイに建物を二つお持ちだったということですか。

　そうですね。

両方ともあなた個人の持ち物ですね。

　そうですね。

ここはあなた、あるいはあなたの御家族等はよく利用されたんですか。

　どこですか。

ヒロでもコナでもいいですよ。

　ヒロは利用しました。

コナは。

　コナは、目的が多くの人に使ってもらおうということだったので、私はそこに拠点を置くということはなかったですね。

実際にほかの人がたくさんお使いになったんですか。

　そうですね。たくさんとは言わなくても、全国の委員長の皆さんにおいでいただくとか、その他ゴルフのツアーに来た方に使っていただくとか、そういうことですよね。

ここは現在まだお持ちですよね。

　持っていません。持っていますかね。

コナ。

　私の手からは離れておりますから、名義は私の名義ですので、まだ持っているか売却したか、それはよく聞いておりません。

分からない。

　はい。

―（中略）―

（あなたがハワイに立ち上げた会社〈※宗形注：「さつきプランニング」〉に）何でさつきという名前を使ったんですか。日本のさつき企画と関係があるということですか。

　特にありませんけど、さつきという名前を私は好きですから。

さつきのＵＳＡのお金はあなた個人のお金で出したんですか。

　そうです。

あなたの奥様がアメリカの不動産屋さんに対して、コナのコンドミニアムの費用分担について手紙を出したことは御存じですか。

いや、知りませんね。覚えていませんね。

コナのコンドミニアム関係の費用をさつき企画会社の支払いにするため、年末に日本の税務署に申告しなければなりません、そのためコナ関係の固定資産税、電気代、電話代等の領収書が必要になります、お手数でも私のほうにということで埼玉県小川町に送ってくれという手紙を出されているんですが。

それはそのとおりでしょう。

これは何でコナのコンドミニアムがさつき企画会社の支払いになるんですか。

……直接さつき企画と関係ありませんよ。

関係ないから聞いているんですよ。関係ないのにさつき企画会社の支払いにするため税務署に申告すると、だから支払いを示す資料等をあなたのご自宅と思いますが、送ってくれという手紙を出しているんですが、なぜ出したんですか。

知りません。分かりません。

確認ですが、コナのコンドミニアムはあなた個人のものであって、さつき企画とは何の関係もないんですね。

そうです。

さつき企画がコナのコンドミニアム関係の費用を負担したことはありますか。

ないと思います。

精査したんですか。

しません。分かりません。

関係ないから負担していないだろうと思うということですか。

と思うということです。

さつき企画というのは、いつごろできた会社ですか。

……

大体でいいですよ。

そうですね、十五、六年前じゃないですかね。

松崎・反対尋問速記録の紹介をここで中断して若干の感想などを述べたい。

私は、幸運にも当日の裁判傍聴券を入手できた複数名の人々の傍聴筆記録と正式な速記録との両方を入手、じっくりと読ませてもらったが、並の推理小説よりも遙かに面白く読んだ。上掲の部分の後には、さつき企画の「一人株主」である原告の長男篤氏（ＪＲ及びＪＲ総連・東労組と全く関係のない人物）が同社の社長に就任するくだりが続き、益々佳境に入るのだが、紙数の関係上ご紹介することができないのが残念だ。

また、ここで紹介した松崎証言の真偽について解説する紙数もないので、読者の皆さんの自由なご判断にお任せすることになるが、参考的な資料というかヒント情報を少々提供して次に移ることにする。

上掲のやりとりから私が抱いた疑問点などは、およそ次のようなものだ。

「ラヴィ目黒二〇一号室マンション」（購入代金五千万円～六千万円）、ハワイの住居は二箇所（ヒロの別荘とコナのコンドミニアム）の話が出てくるなど、松崎証人の資産・自己資金は一体どれくらいあるのか、貧乏暇ありで常態的に「金欠病」の私には見当もつかない。しかも〝松崎・個人のもの〟だと主張される資金が、「国際交流基金」の口座や、「林和美氏がシティバンクに持っている」外貨口座、「鉄道福祉事業協会の山崎玲子氏が扱う」口座、「ＪＲ東労組」の口座を経由するなど、どうしてなのかと首をかしげることが多い。資金の流れが「不自然」かつ限りなく「不透明」なのだ。

更に言えば、当該資金の出し入れに介在した二人の女性のうち、林和美氏は、「ＪＲ東労組を良くする会」が記者会見で公表した資料、いわゆる「ＪＲ革マル四三名リスト」の中にその名が掲載されている人物である。山崎玲子氏は、「渡辺千古氏の所属法律事務所」から鉄道福祉事業協会（佐藤政雄理事長）の〝経理担当〟として転出して来た女性だと、「ＪＲ東労組を良くする会」関係者は言っている。また、同氏の結婚相手は、動労東京地本役員などを歴任した山崎隆氏だと言われている。そして、山崎玲子氏の前雇い主かとも推測される渡辺千古弁護士は、本裁判における松崎原告の代理人である。

もっと言えば、「渡辺千古法律事務所」から山崎玲子氏を受け容れた鉄道福祉事業協会理事長の佐藤政雄氏は、中核派による内ゲバ襲撃の被害者（昭和六二・二・二三：動労本部副委員長の時）で、公安警察作成資料の「マングローブ」リストに記載されており、〝松崎の金庫番〟（西岡研介『マングローブ』）と言われている人物。余談だが、佐藤政雄氏は動労新幹線地本出身者で、国鉄新幹線総局労働課長時代の私とは旧知の間柄でもある。

また、林和美氏は、『四三名リスト』によれば「松崎に憧れて独身を貫いている。一説には松崎の愛人説もある」とのこと。かつて警視庁公安部が摘発した革マル派「豊玉アジト」が設けられていたマンションの別階に居住していたことがあるとも伝えられている。

そして、主役の松崎原告は、一九九一年（平成三年）、鉄道福祉事業協会理事長に就任、一九九八年（平成一〇）に鉄道福祉事業協会理事長職を退任しているのだが、この間、ＪＲ東労組委員長及び同会長（一九九五年）職を兼任していた。

私には、回り舞台の登場人物全員が、主役「松崎明」と〝ある一点〟で深く結ばれているように思えてならないのだが……。

※〈松崎原告の革マル派からの離脱時期など関係〉

あなたが革マル派の創設に参加したというのは何年ですか。

　一九六〇年初頭だと思います。

六三年ごろではない。

　そのころだと思います。

甲五二証で出ている「松崎明　秘録」というものを拝見すると、六五年に革マル派と対立したスローガン事件というのがあったとか、六六年の二月ころですか、革マル派があなたの自宅に押しかけてきたカチカチ山事件というのがあったということですけれども、そうすると、革マル派の創設に関与してから、もう二、三年程度で革マル派との間にすき間風が吹いてきたというか、あるいは対立し始めてきたというふうに理解していいんですか。

　はい、結構です。

そのことと別に、当時あなたが所属していた動労という組合がありますけれども、動労の活動について革マル派の影響というのは見られたんでしょうか。

　ありました。

いつごろまで、どんなところで見られましたか。

　そうですね、先ほどお話しのあった坂入君という人が拉致されるころまではちょろちょろ、いろいろやってきたと思います。

大体何年ごろの話ですか、それは。

　そうですね、私が完全に切れているのは分割民営のころですから、一九八七年ごろですから、そんなころなんでしょうか。

八七年ころに坂入さんという人が革マル派によって拉致されたんですか。

　いや、その後じゃないでしょうか。

じゃあ、九〇年とか、そんなものですか。

だと思います。

そのころまで、動労あるいはＪＲ東労組の活動に革マル派の影響が見られたということですか。

いや、そのころはもう全くありませんね。

だからいつごろまで見られたんですか、じゃあ。

ですから、分割民営に賛成した段階ですべて切れているというのが私の認識です。

―（中略）―

カチカチ山が六六年ですよね。

はい。

そのぐらいからだんだん離れつつあったということですか。

私の家に押しかけられたのですから、仲良くなるわけがありませんから、そういう意味です。

じゃあ、そのころから公然たる対立かどうかは別として、あなたとしては距離を置くようになってきたと、こういうこと。

そうです。

逆に、このころまでは革マルにいたよと言える時期はあるんですか。

同盟費をともかく払ったり会議に出ておりませんから、そういう意味では、六六年ごろからは一切関係ないと言って構わないと思います。

同盟費、いつまで払っていたんですか。

六三年ぐらいまでじゃないですかね。

六六年ですか。六三年はできた年だから。それは昭和。どっち。

その前は革マル派の前の組織があるんです。そのころ払っておりましたから。

ちょっと間違いがあるといけないのでもう一度聞きますよ。同盟費を払っていたというのは何年ころまでのことなんですか。昭和でも西暦でも分かるように言ってもらえますか。

六六年に押しかけられてくるんですから、そのころには払っておりません。

もう払ってないの。

はい。

六六年段階で、カチカチ山以降は。

だと思いますが。

以降と言ってません。そのころと言っているんです。払わないので押しかけているのでそれ以前でしょう。ちょっと今の質問はおかしいと思いますが。

原告代理人（渡辺）

被告西岡代理人

六六年以降は払っていないいんでしょう、少なくとも。

はい、そうです。

あなた、内ゲバやっていたときはまだ同盟費を払っていたと言う発言をしてませんか。

どの内ゲバか知りませんけどね、当初の段階は払っていたこもしれませんね。

六六年や六七年の段階で内ゲバってあったんですか。

六六年……よく分かりませんね。

内ゲバやっていたころにはまだお金を払っていた、ですからそのことについては反省しなければなりませんねというような発言をしたことは記憶ありますか。

あるかもしれませんね。

発言した記憶はあるの。

かもしれません。

明確な記憶はない。

はい、ありません。

今それを聞いてどうなんですか。内ゲバというものが社会的な問題になっていたという時期があったと思いますけれども、そういった時期において、まだ革マル派の同盟費、あるいは党費というんですかね、詳しくは分かりませんが、そういったものを払っていたというのは事実なんですか。そうではないんですか。

どの時点かよく分かりませんが、私は内ゲバに反対ですから、そういうことが顕著になった時点で払っているはずはありません。

はずはないのはいいんだけれども、実際問題として払ったことがあるのかどうかについては記憶がないということですか。

いや、あるかもしれませんよ。定かではありません。

六六年以降はもう払ってないんでしょう。

はあ、はあ。

そんなに時期が離れていて、同盟費を一方では払っていないと言い、一方では払ったかもしれないと言うのは、記憶の在り方として余り普通ではないと思うんですけれども、どうでしょうか。

はい、私は家に押し掛けられてきた以降について、その党派に協力するつもりは全くありませんし、自ら離れていますから、そういうことはないと思っております。

一九七八年に貨物安定宣言がありましたね。

はい。

このときあなたは革マルでしたか。もうやめていましたか。

やめていました。

「鬼が撃つ」という丙一一五号証の一三〇ページを見ますと、これはあなた御自身の著書ですけれども、「一九七八に『貨物安定輸送宣言』を行なったとき、私はまだ革マル派だったと思う。」と、こういうくだりがあるんですけれども、違うということですか。

いや、そう思ってたんでしょうね、そのとき。

そう思ってた。

でしょうね。

「鬼が撃つ」という本は一九九二年に出されている本ですけれども、その段階では、自分は一九七八年にはまだ革マル派に所属していると思っていたということですか。

そういうことだと思います。

よく考えて見たら、一九六六年ころから以降は同盟費も払っていない、切れていると、こういうことですか。

そうです。

いつごろ、七八年の貨物安定宣言のときは革マル派だったというのが間違いだというのに気付いたんですか。

いや、特段にそのことに気が付いていませんよ。言われればそれは否定する以外にない。だけどね、あなたにとって、自分が、革マルじゃないのか、そうじゃないのかということはさんざんっぱら聞かされている話ですよね。

はい、そうです。

で、いろんな立場の人がそれぞれの立場から関心を持って、本当にやめたのかかいなと、あるいはまだうそでやっているんじゃないのかとか、そういうふうに聞かれているということは十分認識してますよね。

はい。

あなた御自身が書かれた本の中で、一九七八年には革マル派だったと言っておきながら、それから十何年かしてこの法廷において、それから一回り、六六年ぐらいの段階でも革マル派の会費は払ってないよと言うのは、小さなことならともかく、あなたの立場にいる人に革マル派との関係を聞くに当たってちょっと考えにくいんですけれども、何か御説明できることはありますか。

払っておりません。

それは分かりました。ではなぜ「鬼が撃つ」の段階では七八年に私は未だ革マル派だったと思うなどという。

原告代理人（渡辺）

裁判長、どうも代理人の意見は、同盟費を払っているかいないかが革マル派に関係しているかどうかのメルクマールのように聞こえるんですけれども、そうなんですか。

被告西岡代理人

そんなことは知りませんよ。

原告代理人（渡辺）

今、だってあなた、そうじゃないですか。いつまで払ってたのか、六六年まで、しかし、ほかのところでは貨物安定宣言のころうんぬんと、それでそのときにはまだ革マルだったかもしれない、同盟費を払っていることがイコール革マルと関係あるのかどうか、前提がはっきりしないで聞いたって空中戦になるだけじゃないいんですか。

被告西岡代理人

そうやって原告に対して教えたいことは分かりますけれども、そうではなくて、原告はカチカチ山事件以降革マル派とは離れているということをおっしゃって、その中で、同盟費も払っていませんよということをおっしゃっているわけですよ。それは費用の問題というのは。

原告代理人（渡辺）

それは主尋問でもきちんと整理して聞いているでしょう。

被告西岡代理人

反対尋問ですよ。だから聞いているんです。

一九七八年に貨物安定宣言行なったときに、私はまだ革マル派だったと思うという誤った認識をした理由はなぜでしょうか。

そう思ってたんでしょうね。

だからなぜ。

分かりませんね。

じゃ、これからも今日話したことも、そう思ってたということで、何年かたったら変わる可能性もあるわけですか。

それはあるかもしれませんね。

一九七三年に動労の東京地本の委員長になりましたけれども、あなたはこのとき革マル派だったんですか。

七三年にはそんなことはありません。

違うの。

はい。

この「鬼が撃つ」、ここで言われた内容を否定されたわけだから、七三年についても違うということですね。

はい、そうです。

「週刊朝日」一九八六年八月八日号、丙一一三号証ですけれども、「私が一時期、」革マル派の「幹部をしていたのは事実ですよ。転向したのはいつかと聞かれると困るけれど、十年くらい前かな。社会が変われば思想的変遷もある。」、それはそうだと思いますけれども、八六年の段階で一〇年くらい前と言ってるんですけれども、七六年、もちろん二、三年の差はあっても構わないけれども、七五年、六年、七年くらいまでは革マル派だったんではないですか。

違います。

と、この「週刊朝日」の中で、「動労の中にはいまでも革マル派の人はいるよ。」ということをあなたが述べていますけれども、あなたはこう述べたんでしょう。

そうでしょう。

でも革マル派の同盟費を払わなくなってから何十年もたっているということですけれども、動労の中には今でも革マル派の人はいるよということはどうして言えるんでしょうか。

いや、そう思ったからです。

何か根拠があるんでしょう。

ありません、特に。

ないの。

……。

ないんですか。

特にありません。

いや、だけど、どこかの集会に行ったら革マル派のヘルメットをかぶっている人がいるとか、革マル派の機関紙読んでそういったことを基に議論してくる人がいるとか、何かの根拠が普通はあるんだけれども、ないんですか、この場合には。

ありません。

動労或いはＪＲ東労組とかＪＲ総連にとって、組合員が革マル派に属しているということは、思想信条の問題だから自由なんですか。

自由です。

自由なの。

そうです。

先ほどの「週刊朝日」の記事、あなたの発言で見ますと、「動労の中にはいまでも革マル派の人はいるよ。でもやり方についてこれないやつは除名にする。」と、こういうふうにおっしゃってますけれども、この趣旨は、思想信条の問題として革マル派に属しているいるんだったらそれは構わないけれども、組合員として組合が決めたことに従わないとか、そのようなことがあったら除名にすると、こういうことですか。

別に除名と言っているわけではないと思いますが、組合は組合の方針で活動してもらえばいいんです。

規約にそう書いてあるんです。

もちろんそうですよ。ですから組合員は組合員としての組合が決めたことについて、それをきちんと遵守、履行してもらえれば、革マル派に属していようといまいと、組織としては関知しないと、こういうことですか。

そうです。

ほんとにそれでいいんですか。

それはもう公明党もいれば自民党もいますからね。

でも、革マル派の中には松嵜（宗形注：「反松嵜」？）のフラクションを作って活動すると、そんなような人がいるんで、こういう者とは非常に対決したというようなことをおっしゃってませんか。

知りませんね。当然私に対してフラクション活動やっている方々がいましたから、これに対しては労働運動レベルで闘いましたよ。

―（中略）―

甲第五二号証の「松嵜明　秘録」を拝見しますと、ＪＲの労働者で今でも革マル派に残っている人はという質問に対して、いないでしょう、というあなたの答え、で、あなたがオルグした人で残っているいるのは終わりだと思いますよと、こんなような発言がありますけれどもこれはあ覚えているでしょう。

そうですね。

新しいものね。

はい。

革マル派に残っている人がいないということはどうして分かるんですか。

いや、革マル派というのは極端な主張をしますからすぐ分かりますよ。

分かるの。

すぐ分かりますよ。

と、もうそういう人はいなくなったということですか。

そうです。

ＪＲ総連にもＪＲ東労組にもいない。

全国は知りませんけれども、私の知る範囲内においてはいません。

いつぐらいまでいたんですか。

私はやめてますから、だれがいつごろどうしてるなんてことは承知しておりません。

何をやめたんですか。ＪＲ東ですか、それとも革マルですか。

革マルです。

もちろんそうでしょう。だけど見りゃ分かるんでしょう、すぐ。

だから特別な発言をすればすぐ分かります。

だからそういう人がいたのはいつぐらいまでいたんですか。

そうですね、まあ、どのことを言っているのか知りませんけどね。ほとんどいないんですけども。いつごろのどういうことかと言ってもらえるとよく分かるですけどね。

それを教えてほしいんですよ。もういないというような御発言されたから、じゃあいつごろまでいたんですかと。ごく当たり前の会話ですよ。

もうと聞かれた時期ですよ。

要するに、お分かりにならない、あんまり。

だからそこに書いてある時期ですよ、もうというのは。

私が聞いているのは、ＪＲ東労組の中に革マル派の活動家がいたのというのを認識した一番新しい時期というのはいつごろですかと、そういう質問ですよ。

……。

何年ぐらいまではいたねと。

……だから何年ぐらいまでいたか私は知りません。

どうして知らない。見ても分からないから。

だから、特別な発言等があれば分かります。それ以外は分かりません。

政府は二〇〇六年五月一二日付けの国会議員からの質問に対する答弁書、内第一三号証の中で、ＪＲ総連及びＪＲ東労組内において、「影響力を行使し得る立場に革マル派活動家が相当浸透していると見られるところである。」と、こういう答弁をしています。こういう答弁があること自体は御存じだと思いますけれども、まずこの答弁の内容については、誤りだと認識しているということでしょうか。

事実関係は全く間違っていると思います。

総連はともかくＪＲ東労組の中に、影響力を行使し得る立場に革マル派活動家が相当浸透しているということは、二〇〇六年現在ではないということですか。

警察の発表ですから、そのようなことは信用していません。

警察発表じゃなくて、政府が閣議に掛けて答えている答弁書ですけれども、いずれにしてもとにかくこれは間違いだということですか。

そうです。

信用していないという考え方の問題なんですか、それとも事実としていないということですか。

それは事実としていないんですから、いないものをいるというものを信用するわけにはいかないでしょう。

どうしていないということが分かるんですか。

いないからいないんですよ。

いるかいないかまた見れば分かるんですか。

そういうことでしょう。

同じ答弁書で、「革マル派には、労働運動の指導に当たる中央労働者組織委員会があり、その中に通称『トラジャ』と呼ばれる組織が存在していること並びに『トラジャ』の指導の下に在る組織としてＪＲ総連及びＪＲ東労組にいる革マル派活動家の指導にあたる通称『マングローブ』と呼ばれるものが存在しているこことが確認されている」とありますけれども、これも二〇〇六年段階では虚偽であるということですね。

　そのとおりです。

あなたが知っているいずれかの時期、二〇〇〇年ころまでさかのぼっても構いませんけれども、マングローブという組織が存在している、あるいはトラジャという組織が存在しているということを疑わせる情報に接したことはありませんか。

　ありません。

──（中略）──

福原さんというのは革マル派だったんですか。

　そうです。

いつまで。

　知りません。

では、いつ革マル派だったんですか。

　千九百六十五、六年くらいでしょうかね。

カチカチ山のころ。

　だと思います。

それ以降は。

　分かりませんが、彼は基本的に私と行動を共にしていましたから、そういうことだと思います。

嶋田さんは革マル派ですか。

　そうです。

もっと正確に、嶋田さんは革マル派だったことがありますか。

　あったと思います。

いつごろのことでしょうか、それは。

　分かりません。

じゃあ、このとき革マル派だったと思ったのはいつごろのことですか。

それは嶋田君が本部に来て、役職に就くころだと思いますから、非常に早い時期ですね、今から十七、八年くらい前でしょうか。

「われらのインター」の中で、二〇〇八年の一三号ですかね、嶋田さんや福原さんは元革マルのメンバーであり私の同志であったという発言をされていますけれども、これはそのとおりでよろしいですね。

そのとおりです。


　窮地に追い込まれて〝ぷっつん〟した松崎原告の「いないからいないいんですよ」に傍線を付したのは私である。

　上掲のやりとりの中で、原告代理人（渡辺千古弁護士）が一度ならず「たすけ船」を出していたのが、当日の「長時間反対尋問」に対する松崎原告の〝大変さ〟を証明しているように思った。

※〈同盟費、資金提供、カンパなど革マル派中央との関係など〉
（「綾瀬アジト摘発による押収文書の分析結果に基づく警察当局作成資料」だと思われる）

丙第三八号証の中では、あなたが依然として革マル派の最高指導者であるというようなことを言われていて、当然あなたにしてみれば全くの虚偽だということになりますね。

　（うなずく）

資金提供をあなたが革マル派にしているんだというような記載もあるようなんですけれども、これも事実でないということですね。

　はい。

ＪＲ東労組の組合員が、「解放」という機関紙を購読したり、あるいは特定の時期にカンパを革マル派に出したりといったようなことはあるんですか。

　ありました。

いくらくらいまで松嵜さんは御存じですか。

　そうですね、はるか昔ですからね。

六〇年代ということですか。

　ということだと思います。

それ以降は、七〇年代、八〇年代、九〇年代、二〇〇〇年代を通じて、動労、ＪＲ東労組の組合員が「解放」を購入してその代金を払う、あるいは革マル派にカンパするといったことについては、そのような事実があったということについては全く知らないということですか。

　同盟員はそのようなことをしたかもしれませんが、組合員がそのようなことをするするわけがありません。

組合員で同盟員という人も、思想・新庄の問題だからいるんだろうけれども、同盟員でない人が同盟員の示唆等によって、まず革マル派の機関紙を読みましょう、勉強会をやりましょうということで、だんだん引き寄せられて、その過程でカンパを求められる、やっていくというようなことがあるかどうかについては、ないということですか。

　昔はありましたね。

七〇年代以降はないということですね。

　そうです。

―（中略）―

「われらのインター」の中では、西岡さんが会っている人たち、嶋田、本間、小林、峰田、阿部、新妻というこんな人たちの名前を挙げて、これは協力者という名前のスパイであるということも書かれているようですけれども、今名前を挙げた嶋田さん以外の人たち、この人たちも革マル派だったんですか。

そうです。

これはいつくらいに革マル派だったということを御存じなんですか。例えば小林さんは革マル派だったということはいつごろ御存じなんですか。

個別的には分かりませんね。

小林さんは何年くらいにＪＲに入られましたか。

何年くらいかな、個別的にはわかりませんね。

こういった人たちが地本の役員あるいは全体の役員になったと、そういうときにあなたとしてはこういった人たちのことをお知りになるわけでしょう。

そうですね。

だからそれ以降ですよね。

なる前からももちろん知っていましたけれどもね。

そういう人が革マルだなどということは、これらの人たちが地本あるいは全体の役員ということになって、その人となり、言動、そういったことをある程度詳しく知るようになってから分かったということになるんでしょうね。

そうですね。

それ以降ですよね。

なる前からももちろん知っていますからね。

あなたは、二〇〇〇年前後ころ、伊東さつき会館で学習会のようなものを主催して、発言したことがありますか。

　ありります。

どんなことを話されたんですか。

　全然覚えていませんね。

その中で、本間さんや阿部さん、小林さん、新妻さん、峰田さん、こんな人たちが受講したということがありましたか。

　あると思いますよ。

年に数回泊まりがけで行ったりということもありましたね。

　それもあったと思います。

そういう中で、あなた御自身が直接今名前を挙げたような人たちに対して、革マル派中央はおかしくなっている、正当な革マル派は我々である、革マル理論を正当に受け継ぎ新たな革命党を建設することの必要性、そのための労働運動場面における実践が必要である、といったようなことを述べたことがありますか。

　それはどこに記載されているんでしょうか。

記載されているんじゃないです、そういうことを発言したことはありますか。

　覚えはありません。

そのようなことを発言しっこないということなんでしょうか、それともそういう発言をしたかもしれないけれども覚えていないということですか。

　はるか昔に何をやったかいちいち覚えていません。

二〇〇〇年前後のことなんですけれども。

あり得ないでしょうね。

あり得ない。

と思いますよ。

一九六六年以降（宗形注：「前後」？）に革マル派をやめているんだったら、二〇〇〇年前後ころに革マル派中央がおかしくなっているとか、正当な革マル派は我々であるといったようなことを言うはずはないわけでしょう。

そうでしょうね。

と思うも何も、そんなレベルの話じゃなくて、ありっこないということでしょう。

と思いますよ。

あくまで思うということですか。

記憶にないですから。


このほか、私のような「ＪＲ東日本革マル問題」ウォッチャーにとっては、涎（よだれ）が出るような面白いやりとりが山盛りの「松崎原告に対する反対尋問」（〇九・一・二六　東京地裁）シーンであったが、割愛するしかない。

私の感想を一言でいうと、「松崎原告は〝偽証〟した疑い濃厚」である。そして、西岡被告代理人の反対尋問は余裕を持ってなされ、松崎主導「全国五〇乱発訴訟」で最後に残った「梁次邦夫原告裁判」（〇九・三・三　東京地裁）に備え、「周到な伏線を張った」というか、「十分な含みを持たせて」終了したように感じた。私はその「梁次邦夫原告裁判」（〇九・三・三　東京地裁）当日の被告側証人の一人である。

(二)「ＪＲ連合」の組織コメントと「ＪＲ総連及びＪＲ東労組」の〝消極的な〟報告姿勢

ＪＲ最大の産別組織である「ＪＲ連合」は、前項の松崎証言について、機関誌『てるみに』第二四号（二・二〇〇九）の中で、次のようにコメントしている。

【……、松崎東労組元会長が、『週刊現代』の記事で名誉を毀損されたとして講談社と西岡研介氏を相手に起こした「損害賠償請求訴訟」の弁論が、一月二六日、東京地裁において開かれ、原告・松崎明氏に対する尋問が、主尋問一時間、反対尋問三時間にわたって行われた。

最大の核心事項である革マル派との関係について質問された松崎氏は、「共産党には離党届けはあるが、革マル派にはそのようなものはない」「一九九六年に革マル派に自宅に押しかけられたが、その頃にはもう同盟費は払っていない」と証言した。しかし、松崎氏は過去、この点について「（一九七五年頃の）内ゲバをやっていた頃は同盟費を払っていた」「一九七八年の貨物安定輸送宣言の頃までは革マル派だったと思う」などと証言している。松崎氏は、過去の証言との矛盾を追及されると、「そのときは、そう思っていた」と開き直り、「この法廷で証言するにあたり、勉強し直した。いま言っていることが正しい」などと強弁した。

さらに、東労組内の革マル派の存在については「革マル派は極端な主張をするので（いれば）すぐわかる」として、東労組への革マル派の浸透を指摘する政府答弁書に対しては、「東労組には革マル派はいない」と断言しながら、その根拠を問われると、「いないからいないのだ」と開き直る始末であった。

いずれにしても、名誉毀損で損害賠償を求めて提訴した松崎氏だが、革マル派との関係について、さらに疑惑が深まる結果に終わっただけの尋問であった。……】

さて、私は世界に冠たるＪＲ東労組の「育ての親」「重鎮」「余人をもって代え難い存在」「この評価を否定する者とは闘うしかない」（二〇〇三・一・二三「ＪＲ東労組中央執行委員会見解」）ということである松崎明原告一世一代の晴れ舞台における活躍状況であるから、ＪＲ東労組は当日は機関紙『緑の風』の「号外」などで速報し、翌日からは機関紙・誌、広報紙・誌を総動員、フル活用して、「松崎元会長、法廷で悪辣なでっち上げ、デマ宣伝を堂々と論破！」「革マル疑惑を完全払拭！」など、大々的に組合員に報告、内外に宣伝・発表していくのかと思ったら、いささか様子が違った。

私が目にできたのは、機関紙『ＪＲ総連』（二〇〇二・二・一五）のこんな程度の記事だけだ。

『週刊現代』名誉毀損訴訟――松崎明氏が証言

週刊誌での連載記事に松崎元特別顧問が損害賠償を求めた裁判の第一四回公判が一月23（ママ）（二六？）日、東京地裁でおこなわれた。―（中略）―

この日の公判では松崎氏が終日にわたり証言。被告代理人からの執拗な「革マル派からの離脱時期」や「財産」の質問に対し、これまでの労働組合のリーダーとしての闘いとその必然性を披瀝、記事がデタラメであることを裁判長に訴えた。

内部のスパイを通じ組織破壊が画策されるのは歴史が証明するところ。他にも「『小説労働組合』訴訟」や「スパイ糾弾訴訟」を通じ、権力だけでなく御用組合や組織破壊者と断固、対決していく。

「乱発訴訟四八連敗」の沈黙広報に輪を掛けた〝消極広報〟ぶりである。

だからなのかどうか、最近、ＪＲ革マル派とは無縁の「一般の東労組組合員」は、インターネット上で、「ＪＲ連合」の『民主化闘争情報』や、「ＪＲ東日本ユニオン」の『組織通信』をこっそりとだが、非常に熱心に読んでいるのだそうだ。

Ⅴ．「国際総研」を拠点に『われらのインター』で吠えまくる松崎と周辺に群れ集う人々

一．国際労働総研と機関誌『われらのインター』を拠点に活発に動き出した松崎

平成一九年、松崎はＪＲ総連・東労組の関連・外郭団体、「国際労働総合研究所」（以下、「国際労働総研」）を設立し、自らはその会長職に納まった。そして、国際労働総研は機関誌『われらのインター』を創刊（同年八月）した。同誌は順調に回を重ね、平成二一年二月の時点では「第一七号」が発行されている。

なお、会長の松崎は、「巻頭言」を担当しているほか、同誌の中で自由奔放というか、「歯に衣着せない言論活動」を縦横に展開して、内外関係者の注目を集めている。

また、国際労働総研には、松崎明会長（初代動労本部青年部長）の下に、城石靖夫理事長（元動労本部青年部長）、四茂野修監事、大久保孟研究員（元動労本部青年部長）、小西富士雄主任研究員など、〝錚々たるメンバー〟が集結している模様だ。この内、四茂野修監事と小西富士雄主任研究員は、前章の「塚田貴司氏論考」中の【党関係者がＪＲ総連の特別執行委員に就任】での登場者で、特に小西富士雄主任研究員は「ＪＲ九州労の事務所に押し掛け、さらに党の政治集会でＪＲ総連を批判した人物」で、沖縄革マル問題や九州労大量偽装脱退事件に際して党中央から現地へ派遣された「常任委員」（トラジャ）だと言われている人物であることを指摘しておく。

(一) 浦和電車区事件有罪被告擁護の「最強硬論者」として会社と対峙する松崎明

『われらのインター』第二号(二〇〇七年九月)は、特集・座談会「やってないことを、やったとは言えない!」を掲載した。座談会の出席メンバーは浦和電車区事件裁判の被告=「美世志会」の七名=梁次邦夫、大澗慶逸、八ツ田富男、上原潤一、斉藤秀一、小黒加久則、山田 知の各氏と松崎明(国際労働総研会長)、斉藤弘敦(JR東労組中央執行委員)、四茂野修(JR総連副委員長)氏。そして、司会は、大久保孟(国際労働総研研究員)氏である。

座談会の中で、司会の大久保氏に水を向けられた松崎氏は次のように述べている。

大久保:現段階では検察側が控訴しないというのははっきりしたんでしょう。だから奴らの矛盾構造だよね。テメエらの主張が半分しか通っていないで控訴しないというのは本来の筋からいったらおかしいわけですよ。

時間の関係もあるので……、会長、何かありますか。

宣伝カー出して、組合歌をガンガンやれ

松崎:良く闘ったなと、本当に立派でした。ご苦労様でした。

俺が一番悔しかったのは、早く宣伝カーを出して組合歌をガンガンやれと、そんなことはいくらだってやれるじゃないかと、それが全然駄目なんだよな。俺が当人だったら直ちにやるけれども、やっぱり当人じゃないということはもどかしいもんだなとつくづく思った。本部のダラ幹め!とそれ以降思っているのだけれども。

要するに、闘っている人の立場に立っていない。だから今回の判決に対する抗議文もJR東労組本部のが一番駄目ですよ。申し訳ないけれども抗議文になっていない。俺の書いた方がもっと良いですよ。抗議文じゃないけれども「不屈の七名勝利への道」と書いてきたのだけれども、無罪ですよ。私は北海道に行っていましたけれども、伊東秀子という弁護士が「それは松崎さん期待できないですよ」と言ってましたけれどもね。北海道から帰ってきてからも思っていたけれども、法廷はみんながやっているから、俺は俺でオルグをやっていたのですよ。

俺は無罪だと思っていましたよ。ただ国家というところを見ていけば、それはそうだろうけれども、ねじ曲げれば有罪にはなるなと、明らかにねじ曲げるしかないなと。今日は置いてきたけれども「最初から最後まで事実を事件としてでっち上げた裁判所」というのが最初の書き出しの三行なんだよね。やっぱり国家意志、これに基づく事件をでっち上げたのだよ。これに対して先ずは怒りがなければ、平常感覚で物事を解釈するということでの抗議文でしかないと残念ながら直ぐに言ったよ。「これは抗議文か」と、俺の周りにいた人はいつも嫌な思いをする。

つまりあの時に直ちに宣伝カーを出してガンガン行くような、そういう正義感が、闘っている仲間達の思いを我がものにする、そういうことがなっていないなと、もの凄く俺はがっかりしたし、俺自身辛かったし、これだけ頑張っている人たちに対する、組織を守るためにこの人達は闘っているんだと。

権力はこの組織を潰すためにやって来たのだから別にこの人達じゃなくても良かったのだから、誰でも良かったのだから。だけれどもそういう攻撃に対して組織は我がものとして受け止めるという、先ずはここが出発点。そういう国家の弾圧に対する怒り、それが終始貫徹されていないと。会社がどうだとか、あるいは何か激しくやると警察がどうだとか、そんなイロハのイなんだよね。

国家に対する、あるいは国家の意志に対する、イロハのイなんだよね。当たり障り無くやろうという、この姿勢ですよ。私が見ている限りの本部の姿勢は。それに対して俺は許せなかったし、ダラ幹どもはと言ってきたし、メンシェビキとまで言ってきた。口汚く俺は随分罵ってきたし、俺は実際あの頃は血圧が一九〇いったからね。俺に対する攻撃というものはあるよ。だけれども俺は逮捕された経験もあるし、クビにもなっているし、そのことよりも組織というものに対して、この組織に対する攻撃を跳ね返さなければならないのに、なんというザマなのだということですよね。血圧の薬を俺は一時飲んだ。だから「指令三八号」もそうなんだけれども、そういうことをあれこれ考えていくと権力の組織破壊攻撃、組織をぶっ壊してやろう、そのためには松崎を逮捕してやろう。ここまで言われて、そして（嶋田）一味が「不当じゃない」と言って、「背筋が寒くなる」と言って、「全員クビですからね」と言って、それでもなんでオメエ等怒らないのかと、こういう思いですね。

今回、『われらのインター』に三つまでバンバンと書いたのですけれども、もっと書きたいのだが全部書いちゃうと面白くないから次号に回してくれと。

また次号に回すけれども、本当に七人の皆さんは良く闘ったと思う。普通こんなに闘えないよ。これだけの厳しい弾圧に対して闘い抜けたというのは、もちろん家族の皆さんの支えだとかいろんな支えがあった。家族の皆さんが「控訴しないでくれ」というのは当たり前のことで、控訴して頑張れと言ったらその人はおかしいよ。それはそうだと思うよ。そういうことをごくごく普通の人間に対して、そういう家族に対して自分たちが済まないという思いがあるのならば、しかし自分が正しいのだと、そのことを貫けたというのが「崇高な心」というのだよ。俺はそう思う。

でも、やっぱり三四四日以降の闘いというのは、そうは経験できない。だけれどもそれだけの闘いをやって、みんなが傍聴券取りに集まって、そしていくつかの事件があって、最高検が「慎重にやれ」という方針を出したと思うよ。やっぱりあれは美世志会の闘いに寄与するというのをはっきりさせたのだから。あれだけの大衆が毎回毎回集まってきて、裁判長が「制限してくれ」と言う、そこまで言うのは〝悲鳴〟だからね。判決文が出せなかったというのは恐らくあれを書くためには相当事実ををねじ曲げないと駄目だし、彼らは基本的には〝無罪〟と書いたんじゃないのかと俺は思う。それを「書き直し」を命ぜられた、だからしどろもどろしていたとそう私は思いますよ。あれはやっぱり〝無罪〟ですよ。だから控訴して断固無罪を勝ち取るんですよ。はっきりと言ってわれわれは無罪ですよ。声を挙げた方が良いですよ。

今後の展望というか、四茂野副委員長が本当によく頑張ってくれていて、国際連帯を作り出したし、ＩＬＯを含めて日弁連もそうだし、俺は北海道で最後の講演を五つやって来たのだけれども、「孤立していない」と、「徐々にこれは拡がりつつあるのだ」と、「そういう闘いが目に見えて判りますからね」、と最後の講演で言って来た。本当に四茂野君が良くやってくれて、これはこういう闘い無しには出来なかった。

そういうことで、自分たちのやって来たことを過小評価しないで、出し惜しみしないで、大いに大物ぶって下さい。

私には、松崎が最近のＪＲ東日本労政に対して大いに不満であり、「美世志会」支援行動をもっと盛大にやれとネジを巻いてもなかなか子飼いの組合役員連中が思うように動かないことに苛立っている状況が窺われたいへん興味深いのだが、ともあれ、前項の「松崎明・国際労働総研会長の基本思想・姿勢」と併せて、「ＪＲ総連・東労組の最高権力者が、浦和電車区事件に関するＪＲ東日本施策に対する最強硬姿勢者」であるということは紛れもない事実である。本心では「殿、ご乱心！」と言いたいのだが、ひたすら耐えて、何の展望も見いだせないまま、このところ諸事強気のＪＲ東日本経営幹部に気を遣いつつ、不安な日々過ごしている「松崎チルドレン」と称される者たちの心中は、察するに余りがある。

(二)「国鉄改革三人組(井手・葛西・松田)」は全員ダメ!そして「スト権」論議必要!

従来、松崎はJR西日本の井手、JR東海の葛西両氏については口汚く批判し続けたものの、JR東日本の松田氏に関しては「同志」という表現を用いたりして褒めそやすなど高く評価していた。

ところが、『われらのインター』第三号(二〇〇七年一〇月)の巻頭論考で松崎は、「JR東日本会社による大弾圧、不当大量首切りに断固たる反撃を!」と題して次のように述べている(傍線は宗形)。

【二〇〇七年七月一七日は、東京地裁小池裁判長の「七人全員有罪」判決の日である。被告人席にも届かない程の弱々しい声でそれは言い渡されたそうである。

無実であり、無罪でしかない人間に「有罪」を告げるのは多少でも良心のある人間にはさぞかし辛いことであったろうと同情したくなるくらいだったと聞く。次は第二審が闘いの場となる。労働者の階級的良心をしっかりと持ってわれわれは闘い抜く。

ところで、JR東日本会社は「待ってました!」とばかりに全員を懲戒解雇処分にした。日本の裁判制度は三審制であることは小学生でも知っている。最終判決である最高裁判所の判決が確定するまでは「推定無罪」が三審制の意味するところである。

人事権を持った企業権力としての会社は、気にくわない奴はいつでもクビにしたいのである。会社に物申す者、楯突く人間は嫌いなのである。立派な人や立派な組織は、まず中から、そして外から破壊しようと常に目論んでいる。おべんちゃらを使い、企業権力にはいつも協力的であること、イエスマンであることは、質の悪いトップマネージメントのもとでは絶対条件なのである。―(中略)―

立派な経営者は日本にも数多くいた。だが残念なことに「国鉄改革三人男」と、もて囃された御仁の中にそのような立派な人はいない。二枚舌くらい、朝メシ前だ。

目的のためには手段を選ばずと言うが、そんなことはない。目的のために、常に手段を選んでいるのである。人間が小心であり、小物であればある程、狡賢（ずるかしこ）さを要求されるのである。そうでなければ本物にはかなわないからである。かくて紛（まが）い物は己の出世と引き換えに組織を悪くするのである。「悪貨が良貨を駆逐する」と世の中は不安定化する。―（中略）―

「三人男」における国鉄改革とは、まさしく立身出世の手段そのものだったことを自己暴露する事実であった。その後の「悪政」は必然の道であった。―（中略）―

社員の生首をバッタバッタと切って、立身出世を考えるようなバカヤロウ（『われらのインター』一号参照）とはこちとらはちと人間が違うんだっつうの！

一審判決が有罪であるからとして解雇しなければならないということはない。解雇しない、ということもできる。

取って付けたように、五年近くにもなって急に「職場に混乱をもたらした」の「会社の名を汚した」などという弾圧のための口上には一片の真理も人間性も感じられない。……

先にも触れたが、日本の裁判制度は三審制である。そして三審の最高裁判決が出るまで「推定無罪」であるのは世の中の常識だ。あえて不当弾圧としての解雇処分を強行したことは、紛れもなくこの会社の幹部の質、人柄を表現している。

「会社は組合に対する方針を変えていない。これからも従来通りやる」とおっしゃるのだそうだ。そんなウソッパチを言われてエヘラエヘラしているようでは労働組合とは言えない。―（中略）―

俺たちは不当な弾圧に則った、会社による最大級の大弾圧に対して合法的に、冷静に、組織的に、長期的に、断固として闘い抜こう。全員の無罪確定、解雇撤回、謝罪を目指して。】

かつての「同志」も形無しである。これも、松崎お得意の〝豹変〟や〝ご都合主義〟の類型なのであろうが、『われらがインター』第六号（二〇〇八年二月）の中には、「労使共同宣言」の精神からして、看過し得ない次のような記述まで既に登場しているのだ（太字化は、宗形）。

【組織の課題の根底は「企業内労働組合主義」の脱却だと思う。……我々の会社に対する向き合い方も職場の組合員に目に見える形で大胆に変えていくべきではと思う。**スト権の議論をもっと職場から創り出すべきだと思う。**我々が真剣に向き合えば組合員は必ずついてくる。……】〈職場レポート「この一年を振り返って、感じたこと・考えたこと」JR東労組中野電車区分会（JR総連執行委員）黒田弘樹〉

他方、JR総連・小田裕司委員長は、JR総連青年協議会「新自由主義による賃金・労働条件の格差拡大に立ち向かう！〇八春闘集会」（三月一四日、東京・中野ZEROホール）において、次の重要挨拶を行っている。

【今春闘は、各単組とも職場から交渉を支え闘ってきた成果が出始めている。連合からは久々に統一要求基準。しかし統一した闘いが出来ない限り勝ち得ない。**JR北海道労組では闘い方を再考。労働基本権の論議を通じ、スト生活基金の議論を開始するという。**これからが本番の闘いだ。十分に総括をおこなっていく。……】〈『JR総連通信』No．八八六（二〇〇八年三月一七日）〉

小田委員長はさも〝伝聞〟のような言い方をしているが、どんな形式であれ、私はこのような重大な内容が最高権力者・松崎氏に無断で表出することなど、JR総連・東労組組織にあっては、絶対にあり得ないと思っている。おそらく、「〝スト権論議〟という花火を打ち上げて反応を窺った」ということであろう。

(三) 今度は「大左翼連合構想」への〝もぐり込み〟⁉

最近の松崎の著作、講演、『われらのインター』掲載記事内容などを見ていると、松崎といわゆる「松崎チルドレン」と称される人々の周辺に、「多彩な経歴を持つ著名な人々」が集まりつつあるように感じられる。例えば、樋口篤三（労働運動家）、戸塚秀夫（東京大学名誉教授）、鈴木邦男（新右翼「一水会」前代表）、武藤功（作家・評論家、文芸と思想誌『葦牙』編集長）、宮崎学（作家・評論家）、本澤二郎（政治評論家）などの諸氏である。作家、起訴休職外務事務官・佐藤優氏もその一人だ。

だいたいが「左翼系」と分類できようが、佐藤優氏や「一水会の」の創設者・鈴木邦男氏も連なっているように、けっこう「幅広い人脈」と云えよう。なお、『われらのインター』第五号は、座談会記事【座談会「国鉄改革」を総括する松崎明氏からのヒアリングを終えて】を掲載しているが、下掲の顔ぶれを見ても、それはうなずけるだろうと思う。

参加者

東京大学名誉教授	戸塚秀夫	社会主義協会代表代行	山崎耕一郎
同時代社代表	川上　徹	労働運動家	樋口篤三
「葦牙」編集長	武藤　功	神奈川大学教授	常石敬一

司会　四茂野　修

交誼関係の多様性というより異様性では、〝冤罪主張つながり〟で、「類は友を呼んだ」ということなのか、ＪＲ総連は、ホームページに【三浦和義氏のご逝去に対するＪＲ総連書記長談話】（二〇〇八年一〇月一四日）を掲出した中で、

《三浦氏のご逝去を心より悼み、ご遺族に深い哀悼の意を表するとともに、果敢に冤罪と闘い、ＪＲ総連を支援してくれた三浦氏を失った悲しみは、言語に尽くすことは出来ない。……この間のＪＲ総連への弾圧に対して、三浦氏から多くの支援・連帯を受け、多くの勇気をいただいてきた。……二月に旅行先のサイパンで突如逮捕・拘束され、裁判がなかなか進展しない状況のなかで、ＪＲ総連は七月にサイパン現地に代表を派遣し、三浦氏と面会し激励を行ってきた。三浦氏は、面会の際「美世志会のみなさんは？」「松崎さんの不起訴処分後の経過は？」と自分の事よりも、弾圧を受けているＪＲ総連に気をかけてくれた。……アメリカ捜査当局の暴挙と、日本政府の無責任な対応が三浦氏を死に至らしめたのは明白である。……ＪＲ総連は、三浦氏の計り知れない無念さと悔しさを我がものとして、社会に蔓延する不正義と断固闘い、三浦氏が自らを省みず気にかけてくれた「えん罪・ＪＲ浦和電車区事件」「えん罪・蒲郡駅事件」の完全勝利に向けて奮闘していくものである。》などと述べている。

ともあれ、上掲した人々はほぼ一様に、松崎個人とＪＲ総連・東労組運動を称賛、高く評価している。以下に、その幾つかを順不同で簡単に紹介する。

◆【……、日本の労働運動、社会運動の大方の先駆者たちは、政治家を含め、九〇年のソ連崩壊まで、社会主義のソ連を正義だと思いこんできた。しかし、松崎は、既に二五年ほど前からソ連の正体を見破っていたのである。……】【ＪＲ総連幹部は、今日の連合を「第二労務部」と酷評している。事情を知らない向きは、多少言い過ぎではないか、と思うかも知れないが、現実には実に的を射た表現といってもいい。……（平和憲法改悪という）こうした連合の巨大な罪に対して、真っ向から反対したのがＪＲ総

連だけだったというのだから、これも驚きである。……】【世界最大の発行部数を誇る読売新聞が九四年一一月三日、なんと憲法改正試案をぶち上げたのだ。松崎はこれに敢然と挑戦の筆を執った。……松崎は、続いて連合の事務局長の鷲尾にもかみつく。鷲尾こそ改憲派の第一人者だからである。……】（本澤二郎『連合の罪と罰』）

◆【この「JR浦和電車区事件」は、そもそも犯罪がないのに犯人がいるという不思議な事件である。犯罪があって、それを行った犯人がいるというのが普通の犯罪事件であるが、この事件にかんしては犯罪がないのに犯人がいるということになった。なぜか。その答えは、簡単である。事件が作られたものだからである。事件がないところに事件が作り出されるとはどういうことか。その答えも簡単である。それが謀略だからである。犯罪事件ではなく、謀略事件だというところに、犯罪がないのに犯人がいるという世にも不思議な事件が作り出される理由があった。】（武藤功『冤罪――JR浦和電車区事件をめぐって』）

◆【（『新雑誌二一』に連載中の「がんばれ!! 新左翼」の）連載第二回（五年四月号）に松崎明氏の『鬼が撃つ』（TBSブリタニカ）の紹介を詳しくやった。おぼえているだろうか。ともかく衝撃的・感動的な本だったので、内容をかなり紹介した。その本の中では松崎氏は革マルをやめ、今は労働運動に専念していると言っていた。

日本も世界も大きく変わっている。そのなかで労働運動も大きく変わり、社会に整合性をもったものになる必要がある。その時、「思想」や「党派」は阻害要因になることが多い。唯我独尊的になり、社会との融和性がなくなる。そこで一大決心をして革マルをやめた。……と松崎氏は書いていた。

これを読んで、あっそうかと思った。新左翼セクト（右翼はもちろんのこと）は、どんなに世の中が変わっても三五年前の自分たちの綱領を頑なに守り、「俺たちの運動は正しい。世の中が間違っている。わからん奴には火炎ビンだ」と思っている。これでは労働運動や市民運動をするのにマイナスだ。考え方もスタイルも古いのだ。松崎氏はそれに気づいて革マルをやめた。

「いや、革マルをやめたのは偽装だ」「今でも革マルだ」と言う人もいる。しかし僕は松崎氏の言葉の方を信じる。ともかく、この誌上で、そうしたことを書いた。その掲載誌を、せっかくだからと『鬼が撃つ』を出したTBSブリタニカに送った。ブリタニカでは松崎氏に送ってくれた。それを読んだ松崎氏が「これは面白い。ぜひ鈴木さんに会ってみたい」ということになったのだ。

都内のホテルで会ってお酒を飲みながら、いろいろと話をした。噂どおり太っ腹な人で、さすがと思った。革マルの話もいろいろ聞いた。辞めたのは本当だと言っていた。また、労組の自分の部屋には日の丸があると言ってた。これには驚いた。「これには反撥する人もいるけど、しかし外国からもお客さんは来るし、日本の労働運動だから……」と言っていた。また、『がんばれ‼　新左翼』の連載は「永遠に続けて欲しい。JR東労組がついている。全面的に支援する」と言っていた（ような気がした）。

同席した情宣担当の人は、以前は同盟にいたという。他にも国労やら鉄労やら、いろんなとこから来た人がいる。それを束ねてやっている。今だって革マルの労組員もいる。それらの人々から一様に慕われているし、カリスマ性があるようだ。スケールの大きい人だと思った。】（鈴木邦男『がんばれ‼　新左翼Part3　望郷篇』）

◆【五月三一日・鶴見公会堂に於いて、「えん罪JR浦和電車区事件七名は無実だ！　控訴審勝利！懲戒解雇処分撤回！　神奈川県集会」を、「えん罪JR浦和電車区事件」を支援する会・神奈川県集会実行委員会主催で開催しました。

―（中略）―

佐藤優さん（起訴休職外務事務官）の講演は「『えん罪』は権力の描いたストーリーだけで証拠等は殆どない。小黒君の取り調べで何が何でも嘘の供述が欲しかったのであろう。ＪＲ東労組は、本当に労働者の為の組合活動をしているから、権力は組織破壊攻撃を熾烈にかけてきている」とＪＲ浦和電車区事件の背景や公安警察の手口についいいて述べられました。……】（ＪＲ東労組本部　不当懲戒解雇処分撤回闘争委員会「闘争委員会情報」Ｎｏ・六四〈二〇〇八年六月一九日〉）

そして、今や松崎とＪＲ総連・東労組擁護の〝外壁〟と化した感のある樋口篤三氏は、『われらのインター』創刊号で、松崎の巻頭、「発刊の辞」に続く長文の講演記録『六〇年の見果てぬ夢——軍国少年から革命青年へ、そして今——』の中で、「もう一回労働運動の多数派に挑戦する」という小見出しで【私は今七九歳、たまたま長生きしたですが、半分はいつ死んでもいいやという感じがするのです。……が一方ではまだまだこれから闘って、なんとかもう一回、日本を変えることに挑戦したいのです。昔は革命と思ったけれども、革命論がかわって、いまは権力奪取・政治革命ではなく、環境・ジェンダー・コンミューン社会、反差別等の永続革命としての「社会革命」だ。社会革命運動の中心になるのは労働運動ですから、その根本的再建をめざす。そしてやっぱり平和を守るためには九条、憲法を守らなければいけないということ。ここを中心に、少しでも長生きして闘いたい。私はもう一回、日本労働運動の多数派に挑戦しようと固く思っているのです。……】と述べている。

また、同氏は『情況』誌二〇〇八年一・二月合併号においても、【「六〇年間の実践の教訓と私の自己批判」—産別民主化同盟と動労革マル問題—】を寄稿し、今、何が問われているのか自らに問いかけ、「左翼（伝統的及び「新」左翼）が相共になぜかくも衰退し解体的危機におちいってきたのかについての総括（自らの反省と共に）である」とした上で、

【私は、一九七〇年代に「大左翼」を月刊新地平（七七年二月号）に提起した。……

七一年に全国化した全労活会議には、中核派・陶山健一政治局員、革マル派・森書記長、岡部副議長らも出席したが、野次ひとつなく「共存」した。内ゲバは両派閥が激しくなり始めつつあったが。……左派の幹部活動家の心をとらえ、全国ネットワーク化は一万二千人が参加した。小型化したが今も続いている。横への幅はぐんと広がったが、それでも欠けたのは日共系中西五洲派（全日自労）や国鉄革同、そして社会党社会主義協会であった。中核、革マル両派は内ゲバ激化のため連携しなかった。

全労活もその飛躍をめざした労働情報も、プロレタリア統一戦線の戦略展開であった。私は党・職業革命家として出発したが、同時に労働運動と統一戦線の一体化を追求した。中核派・陶山も発想や実践展開は共通だった】と、「プロレタリア統一戦線」の構築に情熱を傾けた往事を回顧し、持論である大左翼連合構想へ向けた問題提起を行っている。

このような立場の樋口篤三氏の存在は、ある意味で〝閉塞状況〟にある現在の松崎にとって、「渡りに船」というか、極めて有り難いものであるように思える。

最後に、『月刊タイムズ』〇七年一一月号と同一二月号に連載された「異色対談」【弱者、虐げられた側の立場で労働運動は歴史から学べ】〈松崎　明（JR東労組初代中央執行委員長）：鈴木邦男（一水会顧問）〉における松崎の重要発言を紹介しておく。

（松崎）……私もかつては革マルの運動家で戦後の国鉄労働運動を引っ張ってきましたが、今では革マルもやめ、一介の労働運動家にすぎません。しかし、一度ついたイメージはなかなか払拭できない（笑）。……

――JRの浦和電車区事件では敗訴となってしまいました。公安による締め付けも厳しくなっているようですね。

（松崎）あれは日本の裁判だから敗訴になった。日本以外なら無罪、事件にもなっていない。第一、七月一七日に判決を言い渡しておきながら、判決文は後日送付と言い、いまだに（九月一九日現在）私たちのところに来ていません、もしかすると書き直しているかも。起訴した中身が途中で変わってきているんですよ。それくらいいいかげんでひどい裁判なんだから。鹿児島の志布志事件、富山事件も含めて、最近の日本の司法はひどいものです。最初から有罪ありき。佐藤優さんもそうですけど、国策捜査ですから。しかも裁判所までそれに協力しているのだから。

（松崎）浦和電車区事件の場合、もともと、公安がしゃしゃり出る筋合いじゃないんです。告発したとされる人物の父親が最初に埼玉県警に相談に行ったら、県警では事件にならないからって取り上げなかった。そのくらい些細な出来事なのに、東京から警視庁公安部がわざわざ出向いて、公安警察官が被害届を書いて出させたんです。戦前回帰を象徴するような裁判です。今どき労働運動をやるのは生意気だ、国家に「恐れ入りました」と言え、という国家主義的な動きがより深刻化しています。

それを助長しているのはマスコミですよ。まともなジャーナリストはいなくなりました。国家に従順なサラリーマン記者ばかりで、批判する気骨がない。それに煽られている国民もまた、小泉みたいなのを選んで拍手を送るわけですから同罪です。国家とマスコミがくっついて大衆を煽動してデマを流し、自分たちの思い通りに誘導する。まるで第二次大戦でのナチ台頭前夜を見る思いです。それが歴史の法則かも知れませんが、その責任は間違いなく政治の堕落にあり、共産党と社会党と労組にもある。

ひと言、感想を述べておくが、国鉄・JR労働運動が産んだ逸材・松崎明は、私も知っている若い頃から、個人的魅力があり、「稀代の人たらし」でもある。自民党の実力者、故金丸信が自党からの国政

選挙立候補を勧めたとかの、エピソードもあるように、本項で紹介した新左翼から新右翼まで、幅広い思想の人々も、けっこう「メロメロ」のように私には見えるが、それも無理がないところだろう。

だが、新右翼の鈴木邦男氏（「一水会」創設者・顧問）が、松崎と会って、「労組の自分の部屋には日の丸があると言ってた。これには驚いた。」と喜んでいる場面を読むと、素直でない私は、とっさに松崎が国鉄分割・民営化目前の一九八七年（昭六二年）七月一四日、自民党系勝共連合機関誌『世界日報』に登場、「労働組合も日の丸を掲げるべきだ」と発言したこと、かと思うと、一九九九年（平成一一）七月二三日、「日の丸、君が代に反対する七・二三大集会」（日比谷野外音楽堂）に、ＪＲ総連が総力を挙げて参加したこと、などを想い出し、う～んと思わず唸ってしまうのである。

そういう私の想いとは別に、松崎&チルドレン集団による工作は着々と進行し、効果もかなり上がっているようである。例えば、『われらのインター』第二号（二〇〇七年九月）掲載の【「美世志会」との座談会】の中で、司会の大久保孟氏（国際労働総研研究員）は、次のように述べている（傍線は宗形）。

大久保：そういうことで言えば、後藤昌次郎さんが言ったことの意味を具体化するのにはどうしたらいいかと、四茂野副委員長が一生懸命考えて広大な弁護団をちゃんとつくっていこうじゃないかと、そういう闘いが欠けていたのではないかと敢えて言えば、十分やってきたけれどもやっぱりやるべきことがまだ残っている。そういう大弁護団構想をどう実現していくかということと同時に、それをちゃんと支える支援する人たちの輪を広げていこうと。例えばさっき言っていた佐藤優さんとかグリコ森永事件でちょっと悪者にでっち上げられた宮崎学さんとかですね。
かつて国労支援をしていた学者の人たち、例えば戸塚秀夫さんという東大教授の先生で元共産党員の方、樋口篤三さんは今回『インター』に書いている人ですね。あとは山崎さん、川上徹さん、武藤功さん、常石さん。そういう人たちがいて、会長を囲んで会長の話は面白いと。今までは革マル松崎じゃないかと、でもどうも違うというように、四茂野君が一年越しに付き合ってきて、会長を囲むということでその人達が集まっているんですよ。どうも今までと違うと、今まで動労あるいはJR東労組がやってきたことはこれは凄いなと、松崎さんというのはこれはただ者じゃないなと。

樋口篤三さんという七九歳でガン三回やって国際総研で講演をやってくれた人、その人が会館のノッポさんの碑を見て、いつ作ったのかと。九八年に作ったというと、なんだと、あそこで明らかに革マルと手を切ったと証明されているじゃないか。権力も知っているのに何でお前等はそれを宣伝しないんだと。それを自分で全部書いて、JR総連・JR東労組は革マルと手が切れているのに、敢えて革マルといった形で弾圧してきている。松崎の逮捕を狙っていると、これは許せないという文書を書いてくれてあちこち配ってくれている。

このことは大弁護団構想実現をどう具体化するのかと繋がっていると思う。（後略）

なお、〇八年八月二八日、「樋口篤三さんの傘寿と出版を祝うつどい」が都内アルカディア市ヶ谷（私学会館）で開かれた。『松崎明　秘録』と同じ〝同時代社〟から刊行された樋口氏の新著『社会運動の仁義・道徳―人間いかに生きるべきか』記念を契機にした集まりのようであるが、その案内状記載の〝「つどい」発起人〟の顔ぶれを見ると、樋口氏のいわゆる「大左翼構想」に好意を持つ人々と重なり合う人物が多いように思われるので、参考のためここに紹介させていただく。

＊「つどい」発起人＊

伊藤　晃／石見　尚／上江洲安昌／大金久展／大窪一志／大和田幸治／要　宏輝／加藤　好一／川上　徹／川端邦彦／木下武男／小谷野　毅／設楽清嗣／塩川喜信／下山　保／白鳥良香／鈴木邦男

／鈴木　正／武　健一／田中三郎／田中　学／辻元清美／土井たか子／照屋秀雹／戸塚秀夫／中西五洲／西岡　智／根岸敏文／平野貞夫／舟見勝正／保坂展人／星野弥生／宮崎　学／武藤　功／師岡武男／矢沢　賢／柳田　真／山崎耕一朗／吉岡達也／吉川勇一／吉野信次／四茂野　修／若森司郎／渡部富哉

二．エース登場！　千葉勝也氏の委員長就任とＪＲ東日本労使関係の微妙な変化状況

ＪＲ発足（昭和六二年〈一九八七〉四月）から二〇年を超えたＲ東日本は、「住田・松田・松崎蜜月関係」などと蔭で称された〝ＪＲ東労組偏重〟の労政を長くとり続けてきたが、浦和電車区事件の発生や、いわゆる「東京問題」などＪＲ東労組の内紛事件も重なって、特に昨年八月末の浦和電車区事件有罪社員被告全員の懲戒解雇処分を契機に〝激変〟と言ってもよいほどの様変わりようを見せている。噂では「組合側が呼ばなかった」とか、「会社側が行かなかった」とか、真偽は定かでないが、例年と異なり、昨年のＪＲ東労組定期大会に会社幹部の姿は無かったことは確かで、ＪＲ東日本会社と東労組との間に、かつての〝蜜月〟の面影はもはやどこにも見当たらない。

最高権力者・松崎の意向に添って、「浦和電車区事件」被告と同裁判の〝徹底支援〟を組合運動の中心に据えてしまったがため、「不当懲戒解雇処分撤回」要求で会社側とガチンコ勝負となってしまった組合側は、被告全員を「組合役員」として丸抱えした。その中には、〝ハレンチ事件〟でＪＲ東日本を退職して民間会社に就職していた者まで含まれている始末だ。もはやＪＲ東日本が「不当懲戒解雇処分撤回」要求に応ずる筈など金輪際あり得ず、ＪＲ東労組は会社との〝和解不能〟の迷路に入り込んでしまった。

私は過去の五部作で、「浦和電車区事件は氷山の一角」である趣旨をしばしば指摘してきた。松崎の

ご都合主義「一企業一組合」論の実践過程で、泣く泣くＪＲ東日本を去った者、見せしめのため、意に反する転職・転勤させられた者など数多い。まだまだ、問題は多く残しているが、ＪＲ東日本の労使関係の中で、もはや浦和電車区事件のような無軌道、非常識なことは絶対に起こり得ない。かつて頻発した、東労組職場における苛め、嫌がらせなど会社も許さず、周囲も認めないと誰もが感ずる状況にもなった。先ずはご同慶の至りである。

さて、このような状況の中で、石川尚吾委員長退任の後を受けて書記長の千葉勝也氏がＪＲ東労組委員長に昇格・就任した。何やら「エース登場！」の趣がある。というのは平成一四年、例の嶋田氏ほか東労組本部役員大量辞任事件当時、私の許へ届いていた情報では、ショートリリーフと思われていた角岸氏が再任、〝嶋田氏排除〟となった裏事情として、松崎顧問（当時）の意中の人は、最初から腹心の千葉勝也書記長であり、ただ若すぎることから、とりあえず「角岸氏再任」として、その間に「嶋田氏定年」で、角岸氏から千葉書記長に繋ぐというのが、松崎氏の戦略構想だという噂が根強く囁かれていたからだ。

三．千葉勝也・ＪＲ東労組新委員長に連なる動労本部青年部長の華麗なる系譜

平成二〇年、ＪＲ東労組第二四回定期大会は六月一三日から一五日にかけて秋田県民会館で開催された。この大会について、ＪＲ総連・東労組と組織的対立関係にある「ＪＲ連合」は、次のようにコメントしている。

【六月五日に、東労組が会社を相手に東京都労働委員会に不当労働行為の救済申し立てを行うという状況の中で開催された大会は、「反弾圧の闘い」一色に塗り尽くされた。……（中略）……。

なお、例年であると、東労組は大会に社長を招待し、その蜜月ぶりを内外に誇示してきたのだが、今

年の大会には社長はおろか会社役員の姿は無かった。また、大会初日の夕方に行われたレセプションにも会社は不参加だった模様である。関係者によると、会社役員の大会欠席に関して、懲戒解雇処分や不当労働行為などにより、会社との信頼関係は欠如しているとして、東労組の側から会社に対して、大会には招待できないとの連絡があったということのようである。

運動方針でも、「職場活動の否定を許さない強固な分会組織を確立していくことが重要です。なお、会社の妨害を許さないことを明確にしておきます」と謳っているように、今後東労組が、「反弾圧の闘い」路線に純化することによって、会社との間の亀裂が拡大するものと想定される。】(「組織レポート」NO．一二)

そして役員人事大会でもあった「第二四回定期大会」の結果、千葉勝也委員長(新任・東京地本出身、前書記長)、石井隆副委員長(再任・東京地本出身)、吉川英一書記長(新任・東京地本出身、前企画部長)の本部三役体制が登場した。

この人事で私が特に興味を持ったのは、「全員が東京勢」であることと、第一一代本部青年部長の経歴を持つ千葉勝也氏が、〝松崎氏に唯々諾々と従ってきた〟ことで知られた石川尚吾氏(例えば、「東京問題」に際しての東京地本委員長辞任や後の本部委員長就任など)の後を継いでこの重大時期の本部委員長に就任したことの二点である。遂に〝エース登場!〟の感が深い。

「動労(東労組)本部青年部長」は、創設者であり初代の松崎明氏以来、〝栄光のポスト〟であり、事実、〝錚々たる人物〟がその名を連ねてきた。私の記憶では、第八代までが次の順序になる。

◆松崎明→鈴木真一→城石靖夫→上野孝→松本正一→大江支農夫→大久保孟→中泉茂◆

そして、新委員長の千葉勝也氏は確か第一一代本部青年部長の筈である。また、本書で先に（松崎の意を受けて）新「スト権論議」の観測花火を打ち上げたのでは？と述べた黒田弘樹氏は第一三代本部青年部長だ。しかし、知る人ぞ知るこれら〝錚々たる人物〟でも、松崎初代青年部長以外は「本部委員長」のポストについた者はこれまで誰もいなかった。それが今回、本部青年部長の経歴を持つ愛弟子、千葉勝也氏が東労組本部委員長に就任したのである。私が「エース登場」と評する所以はここにある。が、同時にこれは、「いよいよ松崎が〝背水の陣〟を敷いた」、と言えなくもない。

なお、公安警察筋の情報では、上掲の八名の本部青年部長経験者の内に四名の「トラジャ」が居るという。もちろん、松崎明は「別格」の存在だから、残り七名中に四名というのは〝過半数がトラジャ〟だということである。これはなんとも物凄いことではないだろうか⁉　〝トラジャ〟とは、【国鉄分割民営化直前の八六年、松崎を中心とした旧「動労」革マル派が、組合活動家を抜擢し、革マル派〝本体〟に送り込み、「職業革命家」としての訓練をうけさせたグループ。ＪＲ革マル派組織のトップで、マングローブの指導などに当たる組織……】（西岡研介『マングローブ』講談社刊　二〇一頁）である。要するに、〝トラジャ〟は、党中央の直属組織で、その給料は〝党〟から出ているというわけだ。

『松崎明　秘録』などによると、ＪＲ総連・東労組周辺では「坂入事件」以前においても、革マル派による「拉致・監禁」事件が幾度も発生しており、第四代本部青年部長上野孝氏はその当事者であり、〝組織逃亡〟、〝国外脱出〟のドラマを経て異境の地、オーストラリアで客死。また、第六代本部青年部長大江支農夫氏は小谷昌幸氏に先行して動労時代、中核派による内ゲバ襲撃被害者第一号であった模様でもある。

ともあれ、私が昨年の東労組大会役員人事の結果を見て強く感じたのは、さはさりながら「最高権力者・松崎明の地位は盤石」ということである。

他方、ＪＲ東日本役員人事においても、国鉄時代から松崎・動労との二人三脚性を指摘されてきた

「運転系役員」の着実な「基盤強化」が感じられる。

千葉勝也新委員長の〝舵取り〟の方向性と、従来の「東労組偏重労政」に変化の兆しが見え始めたJR東日本労使関係の今後の動向を、注意深く見守っていかなければならないと思う。

Ⅵ．JR東日本労政の回顧と展望

一．新資料の続出で暴露されつつある「住田・松田・松崎」癒着時代の東日本労政の失敗

今はもう周知のように、国鉄の分割・民営化という、国家的大事業推進の重責を担った「国鉄改革三人組」（井手・松田・葛西の三氏）は、松崎が〝偽装転向〟であること、動労内部に革マル勢力が深く浸透していること、は重々承知の上で松崎・動労と手を組み、当時の為政者も同様にこれを容認した。

JR発足直後、鉄労シンパで国労・動労大嫌いの東日本会社の労政担当常務・松田昌士氏は、当時動労及び「真国労」関係者を対象に続発した「内ゲバ・革マル問題」を特に問題視し、動労との連携を忌避した鉄労に与し、その「組合脱退」にいち早くゴーサインを出したが、井手（西日本）、葛西（東海）の両氏は「時期尚早」などとして同調せず、東日本会社の企図は失敗に終わった。

他方、JR新会社の土台が安定したらばと、労組からの「革マル排除」の機を窺っていた西日本と東海会社は、数年後、松崎の戦略ミス（JR総連へのスト権委譲提起問題）に乗じて最大労組からの革マル排除に成功した。しかし、松田労政担当常務の軽挙妄動による大失敗の後遺症下にあったJR東日本はその流れに乗ることが出来ず、圧倒的最大労組JR東労組を「松崎とそのチルドレン集団」（JR革マル派＝松崎組）の専制支配（独裁体制）の下に置いたまま今日に至っている。

そして、一度は失敗したものの元来が鉄労シンパ、革マル・動労嫌いだった松田常務は、その後も数年間は志を同じくする腹心の部下（「JR東日本三人組」）たちと共に、革マル排除に心を砕いたものの、自らが「改革三人組」の裏切り者・戦犯第一号として、松崎の厳重監視下にあったため、計画はことごとく失敗、挫折し、やがて、「恫喝」と「人参」（社長の座という甘い餌）という巧妙な松崎戦略にまんまと嵌って変心、腹心の部下たちを犠牲にして、「松崎組との癒着労政の堅持」と引き替えに身の栄達

を図った。
これらのことは、ここ数年の間に次々と出版された新資料によって、次第に明らかになってきている。以下に、それらの「証明資料」を列挙しておく。

◇**葛西敬之著『国鉄改革の真実』（中央公論新社〈二〇〇七年七月〉）**

【上野支部の営業系統の約二〇〇〇人が脱退して真国労（真国鉄労働者組合）という新組合を結成した。彼らが動労東京地方本部と気脈を通じていることは容易に想像できた。彼らは営業職場に潜入した動労革マルの別働隊であると治安当局は断定していた。しかし、「来る者は拒まず」がその時点での労務の基本だった。】

【（杉浦国鉄総裁らの、「二〇二億円損害賠償請求訴訟の動労分を取り下げる」旨の報告に対して）後藤田官房長官は「結構である。しかし二〇二億円の損害があったという事実はどうなるのかな。動労の首脳部は革マルだ。いずれ本性を出すぞ」】

【（社労族の橋本龍太郎運輸大臣が社会党、総評筋の依頼を受けて、国鉄当局に「国労への柔軟対応」を求めて拒否されたことに立腹して）「……これからは直接会うことはないと思ってくれ。席を立つ前に、私からも一つ注文を言わせてもらう。あなた方は自分の説明義務を十分果たしていない。動労の指導部は依然として革マルだ、擬装転向だと全ての治安関係者が確信している。その誤解を解く努力は全く不十分だ。それだけ言わせてもらう」】

【ここで職員局が、分割民営化発足後の労使関係について、どのようなビジョンを持っていたかを要約しておく。まず労使関係についてであるが、当時、我々が接点を持っていた治安当局者、労組関係者の全員が、動労執行部の多くは革マル派の構成員であると見ていた。我々もまた、彼らが現に革マル派のメンバーであるか、少なくとも一時期にはそうであったものと認識していた。しかし、同時に動労執行部はこの機会に自らの革マル色を払拭し、通常の労組リーダーに変わろうとしているのかもしれないとも期待していた。

経営側にとっての国鉄改革は公共企業体の負の遺産である累積過去債務と余剰人員を清算し、新たに出発することを意味した。同じように、動労執行部もまた、国鉄改革を契機に革マル派という過去を清算し、民主的労組として再生しようと考えているのではないかと我々は期待したのである。

擬装転向という見方は治安当局の中には根強くあったし、一九八六(昭和六一年)年九月一日の真国労幹部襲撃事件からはますます強まった。しかし、私たちの目から見ると、一九八二(昭和五七年)年の第二臨調基本答申から始まる動労の方向転換の軌跡、すなわち職場規律是正、運転士の労働生産性を画期的に向上させるための協約の改正、出向・休職制度などの余剰人員対策に対する全面協力など一貫した労使協調路線は、擬装にしては重すぎるように思えた。

一九八五(昭和六〇年)年七月の国鉄再建監理委員会最終答申により国鉄分割民営化が決まり、それから一年あまりの間に我々は一〇万人の要員合理化、二万人の希望退職募集、四万人の雇用斡旋、JR各社と国鉄清算事業団への職員の振り分けなど、前代未聞の大作業をやらねばならないことになった。改革に賛成する者は全て仲間と見なし、力を糾合しなければとてもやり遂げることはできなかっただろう。そして動労はその全てに協力したのである。

なかんずく、北海道、九州の余剰人員を東京、大阪地区に配転する広域異動、労使共同宣言によるスト自粛の誓い、当局に対する訴訟の取り下げなどはとても擬装でできることとは思えなかった。しかも、これらの施策は全て職員局が主導し、シナリオを書き、提示し、彼らが受け入れたのである。国労は全てに反対だった。擬装転向を指摘する人々に対し、我々は「彼らの言行が一致している間は擬装でないと信じることにする。万一擬装であることがあきらかになったときには握手している手を離すだけだ」と言っていた。

「手を離す」とは何を意味するのか。ＪＲ発足後に結成される新しい労組は国鉄の非現業部門、現場の助役、旧鉄労、旧動労、国労脱退者など五つのグループからなる寄り合い所帯であり、その中で動労の勢力は、人数的には二割程度であった。鉄労、動労、国労に所属していた人々は互いに長い期間にわたる相克の歴史を引きずっており、気持の上での融合一体化は容易ではなかろう。したがって、互いにそのことを踏まえて、理性的、意志的に譲り合い、気を遣い合わなければならない。

そうして時間が経てば、しだいにわだかまりは解けていくだろう。しかもＪＲ発足から三年経過すれば、国鉄清算事業団における旧国鉄職員の雇用対策が終了し、ＪＲ各社では新規採用が始まり、過去のしがらみを持たない者の比率が年々増加する。動労もその中に自然に溶け込んでいく。経営側はこのような民主的運動を展開する労組との間に節度ある労使関係を築いていく。これが我々のメインのシナリオだった。

万一、動労の労使協調路線が擬装転向で、ＪＲ発足後に持ち前の行動力で全体を支配しようとしたとしても、労組の民主的な運営が確立してさえいれば、単独で全体を制することは不可能であり、多数派が手を携えて動労を包み込んでいくことができる、そう考えていた。

すなわち「手を離す」とは、主力労組が組織内の少数派として民主的に制御するのに任せるという意味だった。発足後のＪＲ東海の労使関係はまさに予想されたシナリオに従って展開した。二〇年を経た今、旧動労の大多数は我々のメインシナリオの通りの経過をたどって、社員の九〇％を組織する主力組合に完全に溶け込んでいる。そして民主的で建設的な活動を展開し、旧動労、旧鉄労や旧国労などという意識は完全に解消されている。

われわれがJR発足後に達成すべく目指していたのは一言で言えば「民主的な労働組合」との間に「信頼で結ばれた労使関係」を構築することだった。信頼で結ばれているということは、テーブルを挟んで互いに「見つめ合う」だけにとどまらず、並んで立って同じ遠山を眺め、その山頂を目指す志をともにすることである。そのために必須の条件は、労使それぞれが「節度ある行動」をとることに尽きる。

「経営者の守るべき節度」とは労組の運営に介入しないことは当然だが、それ以前に何人にも経営権に対する容喙(ようかい)を許さないことだ。およそ経営者たる者は、経営権の三要素、すなわち人事権、価格決定権、設備投資決定権の自律性を、職を賭する覚悟で守らなければならない。これらについて労働組合の容喙を許すような経営者、特に人事介入を容認するような者は、経営者の名に値しない。国鉄再建監理委員会委員長であり、日経連の副会長でもあった亀井氏が繰り返し述べられた労務管理の基本だった。節度ある労働運動とは「民主的な労働運動」のことである。言論の自由、批判の自由を全組合員に保証する。

いかなる場合でも組合員の投票により代議員を選出し、その多数決によって執行部を選出し、方針を決定する。これらの手続きを堅持することこそ民主的労働運動の基本である。宮田義二、鷲尾悦也両氏が発足間もない組合を前に説いた民主的労働運動の基本だった。

そして民主的労働運動が根づくためには、経営者が毅然として経営権を堅持することが必要である。】

◇東北福祉大学教授『佐藤正男 オーラル・ヒストリー』(東京大学社会科学研究所：中村尚史・水町勇一郎・堀田聡子・石田直子〈編集〉二〇〇五年一〇月～二〇〇六年七月)

略）――

【佐藤：これが経営側の無責任さっていうか……わたしなんか憤りを感じていたんですけどね。――（中

……はっきりいうと、責任者は住田社長ですね。この責任は重いと思います。

まあ、住田さんが労使関係、知らなかったということもあるけど、知らなかったでは済まされないことですね。そもそも国鉄改革をしなければならなかった一番の理由は、実質組合問題、労使関係の問題なんですから……。労使関係について知らないなら、労務担当の松田常務を呼んで聞けばいいわけで。松田常務以下、元々、国鉄時代から改革派として国鉄改革を進めてきたひとたちは、「いずれ近々、この問題（※宗形注、〝ＪＲ東日本革マル問題〟）を解決するんだ」と……ずっと……少なくとも私の知る限りでは平成二～三年頃までは、そう信じていました。私はその何人かを直接知っていますし、行動も共にしたんだけど……そういう改革の話を聞いてますからね。それがもう決定的に駄目……になったのが、平成二年か三年です。

山形県の天童でユニオンスクールがあるんです。そこに松崎委員長が行っていて、それで……二年に私は勤労課長……松崎委員長の意向として、その場に「松田を呼べ」ってなったらしいんです。それで、電話で「来い！」っていわれて、松田さんは急遽、飛行機で山形県に入ったんですよ。

最初は……仙台の総務部長、野宮さんっていう改革派の一番若いひとだったんですけね。（ＪＲ東日本本社の）勤労課長で、初代の。私がその下に着く。そのもっと前をいうと、仙台の管理局人事課長。私は（仙台局の）労働課で、前から野宮さんを知っている……野宮さんから「松田さんを迎えにいってくれ、〝飛行場まで〟」と、いわれてたんですが、野宮さんが結果的に行ってお迎えして、そうしてユニオンスクールの天童温泉に案内した。

そこで懇親会が始まって、その席で松田常務が「ここに松崎委員長がいらっしゃるけど、これからＪＲ東日本の施策を実施するに当たっては、委員長はじめ皆さんの意見を聴きながら、了解をいただきな

がら、何事も進めて参りたい」という趣旨の挨拶をしちゃったんですよ。これは、私からしたら……とんでもないことなんですよ。

松田さん自身が国鉄本社の能力開発課長をやってて……私が（中央鉄道学園）大学課程の講師やってて、通信教育もやってたんです。そのテキストを、私らもまずいなあと思ってたんだけど、松田能力開発課長が「これ、テキストはだめだ！」ってなって。なぜだめかっちゅうと……つまり、（国鉄施設）構内の石ころ一つ動かすにも国労の了解を必要とする、「そういう労使関係だから国鉄はだめなんだ。だから改革はしなければならない」というのが松田さんが葛西さんに賛同した……話だったらしいんですね。

その張本人が……新しい会社を作って、労使関係の一番トップになって、張本人になって、労務担当重役になって……それで天童でそういう話をするんですよ。それでは国鉄のときの常務理事や職員局長と変わりない発言じゃないですか。自分が「怪しからん」といってたのに。そこで、がっくりきちゃうんです。まあ、そこには大変な事情なり背景があったとは思います。松田さんもそれらに抗しきれなかったのかも知れません。しかし、私にいわせれば八万人の労務担当、重役、そして「国鉄改革三人組」の一人としては許されないと思うんです……】

【水町：ＪＲ東日本の労務、人事関係のなかで、佐藤さんのように自分の信念を持って、ＪＲ東日本になってからもそれを行動として貫いたという人は、他に誰か、佐藤さんが思い当たる方はいらっしゃいますか。

佐藤：私以上にやったのが、何度かお話しましした内田さんという初代人事課長です。だからこそ、左遷の対象になったんですけど。—中略—ともかくまず、内田さんという人ですね。あと……後に私が勤労課長を降ろされて、研修センターに行った直後あたり……私からいったわけでなく、何人か、支社とかの総務部長が会いたいといってきて……個別にですけど。三人ほどのひとと会ったんです。その三人は全部同じ意見でしたね。「私たちは佐藤さんと同じ考えだ。憤りを感じている。だけども今は、国鉄時代の本社採用とかキャリアとか、そういう会社のコアとなる人たちの腰が引けていて……団結も志もヘチマもない。とにかく何事も、松崎さんが存在することを前提にして物事を考え、発言していなければ……明日の我が身はないいんだ。だから佐藤さんには悪いけれども……協力はできないだけど、申し訳ないなあ……」と。つまり慰労してくれたんですよ。―中略―勿論、逆にそういう状況を逆手にとって……たとえば私の行動をチェックし、それをしかるべき上の人に報告して出世した人もいるなど、様々なことがありました。それでも私を支えてくれようとする、そういう心あるひとはいっぱいいいました。

【中村：因みに、野宮さんはどうなられるんですか、その後は？**】**

佐藤：野宮さんはですね……野宮さんが総務部長になり、私が勤労課長になるでしょう。来てすぐに私に指示したことは、仕事よりもなによりもね……野宮さんはＪＲ東日本（本社）の初代勤労課長だったわけですが、そのときの労働法規係長である私を入れて、「三人の係長を集めてくれ」ということでした。

集まったのは、私が（本社の）労働法規係長でしょう、もう一人は企画係長、それから情宣係長。それで……秋保温泉が近くにありまして、仙台の奥座敷といわれて。そこの旅館に場所とって、一晩……飲もうってことになったんです。

そこで二時、三時頃まで飲んだんですけれども、そこで（野宮総務部長が）言ったことは、「山は必ず動くんだ（※宗形注、ＪＲ東日本の「革マル排除」は必ず始まるんだ、の意味）。お前ら覚悟はいいのか」ということでした。部下を呼んで、「覚悟してくれ」と。それで我々三人は……「当然だよなあ」となったわけです。「嬉しい」と、野宮さんからそういう話を聞いて。「部長、ぜひお願いします」って、三人意志がまとまったんです。それで、部長も満足で。ところが、先ほどお話しした……平成二年か三年、山形県天童のユニオンスクールでの、そういう話が……。ＪＲ東日本の発足当時、三人組って言われたのがいまして……それ以前にも「国鉄改革三人組」がいますけども……ＪＲ発足後には「ＪＲ東日本三人組」、つまり松田常務取締役を支える三人組がいまして、その一人がこの野宮勤労課長なんです。もう二人目は夏目という総務課長、三人目が、何度も話に出てきました内田人事課長です。この三人が、松田常務の息のかかった、一番頼りになる三人組ですよね。だから、三人組は、内田さんを筆頭に……中心にして、必ず革マルを排除するんだと……言ってたっていうことです。私の知る限りでは、その時まで力を蓄えて……頑張って行こうというふうになってたんですよ。

それが平成二年か三年に……松田さんがどんどん……松崎さんのハードルっていうか、飛び越えちゃって……抜き差しならない関係……掌に載っちゃうわけです。まあその前に住田さんが載っかってたんだろうし。そういう状況の中で……どんどん、どんどんがっかりしていくわけですよ。―中略―だからユニオンスクールの一件があった翌日も、二人でミーティングしてたんですけども、その途中で私が「部長。昨日の松田常務の発言はなんですか、あれは」と……私も不用意に言っちゃって……野宮さんは口には出さなかったけれど、ものすごい残念な、憤りを感じた顔を……しましてね。

―中略―

そのときも非常に……野宮さんは、私と二人だけの場で、ＪＲ東日本の労使関係について残念がっていましたね。

またその後、私は勤労課から出されるんですが……野宮さんとしては、ほんとは私を出したくないわけですからね。これ、苦しい……私より苦しかったと思うんですよ。一番の部下である勤労課長を、意に反して自分の手で飛ばすしかないんだから。それで……私が勤労課から出るときは、玄関まで……部長を先頭に、見送ってくれて……パートのおばさんまで送ってくれて。それで……間もなく……いつ頃かなあ……野宮さんは本社に戻るわけですね。その後、亡くなるんですよ。

中村：そうですか。】

【**堀田**：最終的に佐藤さんが、研修センターに移られたときに、会社としては出したくないのに、出さざるを得なくなったというのは、それぐらい組合から圧力がかかったということですか。

佐藤：そうです。それはあの、組合というより松崎からです。

堀田：松崎さんからですか。

水町：最終的に会社が佐藤さんを守れなかったのは、その間にたとえば野宮さんがいらしても、会社のトップが……

佐藤：そうです。問題の根源は、全てトップですよ。だから野宮さんが身体を張って守ったら、自分がやられちゃうわけですからね。

水町：そのときのトップは？

佐藤：そのときのトップは、住田さん……住田社長じゃないですか。

水町：実際の人事の決定も……

佐藤：住田さんまでいかなくても、少なくとも松田さんには、この人事の話、あったでしょう。】

◇鈴木均著『ＪＲ東日本民主化・新潟の闘い!!「何するものぞ!!」』（自費出版本）

【第四章　本性を現わす松崎東労組

松田社長との会談

突然の呼び出し

「水上大会」から一ヶ月ほど過ぎた七月六日、この日は凄まじい暑さの一日だった。―中略―

七月は夕方といえどもまだ陽は高く、この日の暑さでアスファルトも焼け、外へ出た途端に汗が噴き出してくる。私は東海道線に乗り東京へと急いだ。目指すは紀尾井町のホテル「ニューオータニ」。

この日から三日前、支社の私の職場を（東労組新潟地本）梅津企画部長が訪れ、何やら深刻な顔つきで話を切り出した。

「松田社長から呼ばれている。〝何人かの仲間も一緒に〟と言われている。是非あなたも同行してほしい」

「この前の本部大会の事でしょうか」

「それを含む情勢の意見交換か、あるいは忠告か」

いずれにせよ本社トップの話を聞いておくことは悪い事ではない。―中略―

梅津部長からは、東京へは梅津氏、渡辺譲村上支部委員長、そして私の三人で行くことが告げられた。

ホテルニューオータニ
指定されたホテルには二〇時前後に着いたと記憶している。―中略―

松田社長、木下東日本鉄道文化財団理事長、梅津企画部長、渡辺村上支部長の姿があった。私は遅れて来たことをお詫びし卓についた。美しい女性がおしぼりを差し出した。受け取った私のワイシャツの袖口が、汗で剥がれた腕時計のメッキ色に、見事に黄色く滲んでいて恥ずかしかった。

木下氏は取締役東京駅長を勤められ、その後、平成四年に財団の理事長に就任していた。東京駅長時代、新潟から広域異動者のつながりで、約七年前から面識があった。松田社長は社内の講演会などで何度か話を伺う機会はあったが、このように間近にお目にかかるのは初めてだった。

私が席に加わると、松田社長は〝改めて〟というふうに切り出した。

「いやぁ、今もお二人には話していたところだが、水上の大会はねぇ、非常に残念だった。松崎は確実に退任するはずだった。しかるべき落ち着き先も確保したんだよ。まさかねぇ……」

落胆の色を率直に表しながら、続けて話した内容は、およそこうだ。

「とにかく、私（松田社長）としては、松崎をこのままにしていいとは思わない。当時、国鉄改革を成すには国労を倒す以外ない、そのためには、それを上回る力が必要じゃないか。鉄労だけじゃ足りないよ。だから社員労などもね、作ってもらわざるを得なかった。そこに動労を、こちら側にということだね。松崎にまとめさせるしかないじゃないか。彼はそれをやれる男なんだな。

だからといって、〝いつまでも〟というわけにはいかない。過激派を抜けてはいないよ。あれは転向なんてしていない。わかっているんだ。でも、松崎もたいしたもんだ。自民党や秦野元警視総監に取り入っているだろう。取り締まる側に貸しを作って懐に入る。ポーズだけどね。
松崎支配の現状を変えるには、現状をよく認識して打つ手は確実にうっていくこと。会社がやるべき事、皆さんがやるべき事、それぞれが確実に行なう。それを組み合わせていくことだな」（※傍線宗形）

私たちはこの話を聞き、次のことを訴えて見解を尋ねた。

◆会社に、もし〝現在の旧動労活動家が数年後に退職してしまえば、自動的に厄介者の一掃ができる〟という考えがあって、その時機を待つつもりであるとすれば、間違いである。

◆彼らは現在、秘密の「学習会」を開設し、その中で平成採用の若手に「階級闘争」を繰り返し教えている。だから、時を待つだけでは彼らの路線は継続していく。

◆シニア層は、新潟の【日本海クラブ】のように、組織内組織を作って、助役試験等に関与を始めていて、管理者への潜り込みを謀っている。

これに対して松田社長サイドは

◇社員教育の強化などを足がかりに、会社による〝対松崎〟包囲の力をつけたい。

◇そのためには、皆さんは今は自重しながら、東労組の中で戦闘力を保持し拡大する。

◇運動をめぐる意見相違は相違として、皆さんの主張を発信し続ける事は重要だ。

◇会社も決して座して待つつもりはない。

このような考えを示したのだった。

松田社長の、松崎の影響力排除の決意は理解できた。あとはどのように実行するかを、私たちは見せてもらえばよい。しかし、私たちの側は、東労組の内部改革はもちろん続けていくが、その努力の限界も感じ始めている。会社と私たちの双方の努力が、事態の改善につながっていく事を望む。だが、危機感が沸点に達すれば、組織的判断もせざるを得ないことの理解を求めた。以上が「ニューオータニ」での会談内容である。

社長サイドがこの顔合わせをセットしたのは、「水上大会」を経て私たちの胸に溜まった憤懣を、発散させるための〝ガス抜き〟ともとれる。さらに、前年の一二月に仙台では「東新労」が結成されていることから、新潟の動向を把握する必要もあったのではないかと思う。しかし松田社長の、現状を〝事良し〟としない気持ちも十分汲み取れたのだった。

これ以降、何度か松田社長との意見交換、情報のやりとりは続いた。いずれも福島の温泉など、東京を離れた場所で極秘に行われた。　―後略―】

〈※宗形注：著者・鈴木均氏はＪＲ東労組新潟地本（ＪＲ総連傘下）から旧鉄労系の人々が脱退して結成した「グリーンユニオン新潟地本」（ＪＲ連合傘下）の初代委員長である。そして、この「ニューオータニ」会談時の鈴木均氏は、新潟支社総務部総務課の筆頭係長の地位にあったと同時に、「ＪＲ東労組新潟地本・支社支部委員長」であった。〉

二．ＪＲ東日本労政の過ちの歴史を証明する怪文書「ＪＲ東日本経営幹部秘密発言メモ」

前項のＪＲ内部関係者たちが語り、あるいは著述した新資料をベースにＪＲ東日本労政の過去を簡潔に整理すると、次のようになるだろう（敬称略）。

①「いずれ革マル排除」は、井手、松田、葛西（国鉄改革三人組）の合意事項だった。
②ＪＲ発足直後に、国鉄時代から鉄労支持の東の松田が独断専行して仕掛け、失敗した。

③松田はそれでも「JR東日本三人組」（内田、野宮、夏目）らと共に革マル排除計画を続行したが松崎の「アメと鞭」戦略の前に変心、志を捨て、部下・同志を裏切った。
④JR西日本とJR東海は平成四年（一九九二）、松崎の戦略ミス（スト権委譲提起問題）に乗じて主力組合からの「革マル排除」に成功したが、既に住田・松田・松崎癒着体制が確立していたJR東日本は身動きできず、この流れに乗ることができなかった。
⑤住田・松田・松崎癒着体制の中で、平成五年、松田社長が誕生した（副社長就任は平成二年）。

要するに、松崎組（松崎及びJR革マル派）と共棲した「JR東日本労政失敗」の歴史である。

次の文章は、宗形『JR東日本労政「二十年目の検証」』（高木書房　平成一七年六月刊）の再掲である（同書一九六〜一九八頁）。

怪文書「JR東日本経営幹部秘密発言メモ」

今から約一〇年ほど前のことだが、JR東日本労使関係者の周辺に「JR東日本経営幹部秘密発言メモ」なる怪文書が出回ったことがある。それは次の内容のものであった。

幹部発言メモ（秘）〈九三年六月〉
一．仙台、新潟などで東労組の中で少しガタガタしている。株上場を前にして労使関係の乱れが表に見えるのはいかにもまずい。

二．この動きは、去年西、東海でＪＲ連合ができてから、当然いつかは来ると思っていたが、思っていたより早いようだ。
旧鉄労の連中が、まだ、友愛会議ということで連絡を取り合っており、この動きは決して無視できない。

三．処置を間違えば大きな動きになる。だから十分注意して対応する必要がある。とりあえず「上場までは抑えろ」と言え。主管（課）を通じて圧力をかけるのが一番効くと思う。バレないように電話を使ってやる方が良い。バレたら不当労働行為だから気を付けてやってくれ。バックにはＪＲ連合がいるからあまり嘗めてかからないように。

四．松は革マルじゃないか、という話も出ているが、それはそうに決まっている。会社として松が革マルじゃないなどと一度も言ったことはない。しかし、松は生き延びるために会社に協力する姿勢をとってきた。共産党や協会派と闘わせるには、革マルを使うよりないというのが会社の判断だった。

五．この方針は間違っていなかった。西や東海のように革マルを切って暴れさせるのは得策でない。あれはバカだ。ストをやられて困っているようだが、あれは自業自得だ。東ではストをやらない。今後もやらせない。これが東の方針だ。

六．松の最近のやり方には少々頭に来ているようだが、おとなしくさせておくにはこの方法しかない。少々高いアメをしゃぶらせても結局はその方が安上がりだ。これが東の労務方針だ。

七．松はやってもせいぜい二〜三年だ。年齢はごまかせない。松が委員長をやめれば、革マルもたいしたことはない。嶋田なら取り込める。その時は会社が前に出る。勝負するということだ。菅家を辞めさせるような動きもあるが、彼は鉄労の闘士だから辞めさせると旧動労の片肺飛行になってまずい。その時まで守っていく必要がある。

八．ＪＲ総連がナショナルセンターの連合とまずい関係なっているようだが、あれはまずい。連合を脱退するようなことになれば、会社としてもカバーし辛くなる。「脱退したら付き合えない」と大塚を通じて福原に言わせてある。莫迦な事はしないと思う。

九．東海のこと〈※葛西ＪＲ東海副社長（当時）の失脚を策した「怪新聞」連続発行　事件〉もやり過ぎだ。誰が見たって革マルの仕業だと思うのは当たり前だ。しかし、証拠がないから処置のしようがない。あれは東へのブラフでもある。十分気をつけてくれ。

一〇．この方針はトップも承知していることだ。柴田監査役も承知している。

この文書はたしかに「怪文書」ではあるが、決してデッチアゲ文書ではなく、〝内容は真実そのもの〟だと、筆者の実務経験上から自信を持って断言できる。ここに述べられていることは、ＪＲ発足以来今日に至るまでの「ＪＲ東日本労政の基本」であり、「松崎・ＪＲ革マル派対策の骨子」であることは間違いない。そしてこの〝発言幹部〟が誰であるかも、ＪＲ東日本革マル問題ウォッチャーの間では知らぬ者はいない「有名怪文書」である。

内容について一々コメントはしないが、今から約一〇年前に、ここで戦略構想化されたものとして

〝得意げに〟語られているＪＲ東日本の「労政の基本」、「松崎・ＪＲ革マル派対策の骨子」は、この一〇年間の実態を見るとき、〝全て齟齬を来たし、不成功に終わってしまった〟というのが、「客観的な評価」として正しいであろう。要するに、「相手はそんなに甘くない」、「敵は一枚上手」だったということである。

ＪＲ東日本は、歴史に鑑み、この「原点」を十分に踏まえて新しく一歩踏み出すことが大切だと言っておきたい。

『佐藤正男　オーラル・ヒストリー』や、鈴木均『ＪＲ東日本民主化・新潟の闘い!!「何するものぞ!!」』など、ＪＲ東日本内部関係者の手になる新資料が公開された今日、「ＪＲ東日本経営幹部秘密発言メモ」は新たなそして大きな問題点をＪＲ東日本関係者に提示している。

【七．松はやってもせいぜい二～三年だ。年齢はごまかせない。松が委員長をやめれば、革マルもたいしたことはない。嶋田なら取り込める。その時は会社が前に出る。勝負する……】のだそうだが、それから既に一五年近く経っている。

確かに松崎は委員長を辞めた。が、「国際労働総研」を拠点に、依然としてＪＲ東労組の最高権力者として君臨しているばかりか、会社経営陣に対して吠えまくっている。これこそまさに『鬼の咆哮』だ。そして、取り込むどころか、会社は「嶋田」を見捨てた。

なお、上掲の怪文書については、国際労働総研・機関誌『われらのインター』（二〇〇八　ｖｏｌ．一二）の中でも、四茂野　修氏が【今から約一五年前の一九九三年頃、ＪＲ東日本幹部の話とされる怪文書が出回った。雑誌『財界展望』（一九九三年九月号）が当時伝えた内容は、次のようなものであった。……】として同文書の一部を引用・紹介している（四茂野　修「『週刊現代』連載記事＝一連のＪＲ総連弾圧を仕組んだ者たちの素顔（上）」同誌三〇～三一ページ）。

三．「ヤルヤル詐欺」

「国鉄分割・民営化」に際して私が国鉄清算事業団の初代労務課長に転じて四～五年後のことだったと記憶するが、ＪＲ初代東京駅長を務め、本社取締役にまで栄進した木下秀彰氏のお祝い事に幹事から誘われて出席、会食したことがある。木下氏とは同僚関係で、「きいさん」、「むなさん」と親しく呼び合う仲である。幹事も、そして二十名ほどの出席者も東京地区中心のいわゆる「大現場長」、東京、新宿、上野、品川、横浜などの駅・区長経験者ばかりという錚々たるメンバーだった。

座卓の前後左右に座った顔見知りの後輩たち数名といろいろなことを語り合ったのだが、私が、「ところで、東は革マル問題をどうするんだ」「松田さんは、革マルと心中する気かな？」と日頃の懸念を話題にしたところ、一人ならず、「松田さんは絶対やりますよ！」という心強い答えが即座に返ってきた。「ほんとかよ？」と疑う私に、「松田さんは、我々と酒を飲むと、『オレが今の状態をいいと思っている訳がわけがないだろう』『時期を見て、必ず排除する！』とよく言ってますよ」と彼らは口々にそう言ったのだ。その時は半信半疑で別れたのだが、その後もずっとＪＲ東日本の「松崎・東労組偏重」労政に変化の兆しは感じられなかった。

そして、「そうか、やっぱり『ヤルヤル詐欺』だったか」と納得したのは、鈴木均著『ＪＲ東日本民主化・新潟の闘い!!「何するものぞ!!」』を読んだときである。

関係者の大方が信じ、期待した「松崎引退」の噂が裏切られたＪＲ東労組定期大会（水上）直後、七月六日の「ホテル・ニューオータニ会談」で鈴木均氏が直接耳にした松田社長の言葉、

「とにかく、私（松田社長）としては、松崎をこのままにしていいとは思わない。……だからといって、

〝いつまでも〟というわけにはいかない。過激派を抜けてはいないよ。あれは転向なんてしていない。わかっているんだ。……松崎支配の現状を変えるには、現状をよく認識して打つ手は確実にうっていくこと。会社がやるべき事、皆さんがやるべき事、それぞれが確実に行なう。それを組み合わせていくことだな」

これは、東京地区の「大現場長」たちが松田社長から聞いていた言葉と全く同趣旨である。

ところで、かつての「志」をとっくに捨ててしまった松田社長が、なぜいつまでも「心にもないこと」を口にするのかというと、それは「保身」と、「求心力を保つため」である。センスのない情報音痴では、東京地区の「大現場長」にはとてもなれない。出世競争の途中で落伍してしまう。国鉄でも、ＪＲでも、いやしくも「大現場長」と言われるような人々は、国鉄・ＪＲ革マル問題の表裏と真偽に精通している。そのことの是非もわきまえている。だから、たとえ「ＪＲ東労組偏重労政」という現実の中でも、本当に「志」を放棄し、「革マル排除」の意思が全くない経営者では、誰も心底から敬服し、着いてはいかないからである。

そして以前、松田氏は、雑誌記者の取材にこうも答えている。

【松田：松崎委員長が革マルかどうかは関係ない。それがマイナスというのであれば別だが、今のところ何もない。それより何万人もの動労を一糸乱れず引っ張っていけた人間はいない。今になって（松崎を）切れという方がおかしい**】**（『日経ビジネス』平成三年一二月二日号）

松田氏が『日経ビジネス』誌の取材に応じた平成三年という年は、「佐藤正男　オーラルヒストリー」に出てくる天童の組合行事に際し、松崎に呼びつけられた松田副社長が、飛行機で駆けつけ、リップサービスした年の翌年である。そして平成五年六月、松田副社長はめでたくJR東日本第二代目社長の椅子に座った。

その松田氏は、昨年の一〇月から一一月にかけ、日経新聞「私の履歴書」欄に二九回の連載で寄稿した。読ませていただいたが、苦心談と成功談ばかりのように感じた。JR東日本初代労務担当重役の同氏がJR東日本の労使関係の核心部分、特に松崎（組）との関係を素通りしたのでは、「クリープの入っていないコーヒー」のようなものである。

そして今や私のライフ・ワークである「JR東日本革マル問題」との関連で、特に問題だと思ったのは、「**嫌がらせで心労、病気に葬式で許せない思いが爆発**」と題された第二八回（平成二〇年一一月二九日付）の次の記述部分である（文中の傍線は宗形）。

【国鉄時代、私は常に主力組合であった国鉄労働組合（国労）と真っ向から対峙した。分割・民営化の信念を掲げ、これを曲げることもなかった。当然、私への風当たりはきつくなり、それは家族にも及んでいた。陰に陽に寄せられる様々な苦情、いやがらせ。国労関係者だけでなく、彼らと連帯を組む勢力が入れ代わり立ち代わり、妻や三人の子供たちに圧力をかけていた。

国鉄民営化への道筋がたったころからJR発足にかけては特にひどかった。当時住んでいた埼玉県与野の自宅ではプロパンガスの周辺に幾本ものマッチ棒がばらまかれていた。―中略―

ある時、同居している長女の息子が極度に水を怖がることを知った。理由を尋ねると近隣のプールで指導員とおぼしき人物に無理やり顔を水に押しつけられたという。孫にまでの陰気ないじめにはさすがに慄然とした。

そんな苦労が蓄積した結果だろう。妻は四十歳を過ぎたころに舌の動きをつかさどる筋肉がまひするという病気に襲われた。ひどい時は立っていると呼吸すらできない。

多くの病院を訪ね歩いたが、原因は不明のままだった。
発病時、「十三年しか持たない」といわれた妻は二十年も頑張った。―中略―
土曜の夕刻、薄暗い空の下で始めた喪主のあいさつは当初、淡々と終えるつもりだった。しかし、元気だったころの郁子と相対した時、私の中で何かが弾けた。気が付いた時には「郁子を追い込んだ連中を私は一生、許さないっ」と叫ぶ自分がいた。】

この文脈で素直に読むと、国労関係者及びその連帯勢力が、松田氏の自宅の「プロパンガスの周辺に幾本ものマッチ棒バラマキ」事件や、お孫さんの顔をプールの水に「無理やり押しつけ」事件などの非道な事件の犯人だということになる。本当にそうだろうか⁉

私は過去の職業柄、「国労」という組織の性格をよく知っている。今や見る影もなくなったかのごとき「組織現状」からして、決して利口な集団ではないが、さりとて〝陰湿な集団〟では絶対にない。別に国労の肩を持つわけではないが、私は特に「プロパンガス」と「プール」両事件に関する松田氏の犯人＝「国労及びその連帯勢力」説には同意しかねる。そして「これでは国労が黙っていないだろう」と、一読してすぐに思った。

案の定、国労は日経新聞社や、松田氏の上掲記事に毎日新聞紙上で共感を示したとかの、岩見隆夫氏に文書で抗議したそうだが、その後の詳細は把握していない。

四．「有罪被告社員懲戒解雇処分」が分岐点：かつての「蜜月関係」はもう戻らない

(一) もはや許されない「松崎組」による労働組合支配と、厳しさを増す〝外部の目〟

本書では、異形の組合運動指導者「松崎明」の革マル性、塚田貴司氏の「治安フォーラム」誌論考【JR総連等による革マル派「批判」】の表記法を拝借すると「党」との関係及びJR総連とJR東労組内に深く浸透し同労組を支配している「JR革マル派」(=「松崎組」)の恐るべき実態を明らかにしてきた。平成一一年・公安調査庁『回顧と展望』、同・警察庁『焦点』(革マル派特集号)におけるJR総連とJR東労組に関わる指摘、現米村警視総監をも含む歴代警察庁警備局長の国会答弁、国会議員の質問主意書に対する複数回に亘る内閣総理大臣名『答弁書』の記述内容はすべて真正の〝事実〟なのだ。

私が、『続　もう一つの「未完の国鉄改革」』(高木書房　平成一七年二月刊)の中で、

「わが国旅客鉄道輸送の基幹的重要企業、JR東日本の最大労組である『東労組』、この五万人を超す巨大労組が、たかだか数百人のJR革マル派(＝JR産別革マル)の完全支配下にあることは歴然たる事実であります。この『断言』がもし間違っていたら、私はどのような責任でも取る覚悟です」

と断言した時からもう四年の歳月が経過した。

JR東日本は今や私企業とはいえ、過去に国家的一大施策、国民に大きな負担と犠牲を強いた「国鉄分割・民営化」の重い歴史を背負った社会性・公益性の高い重要企業である。そのJR東日本の圧倒的最大労組、「JR東労組」が、労働組合ならぬ「JR革マル派」(=「松崎組」)に完全支配されているのは国民の一人としての立場からも看過できない。それが「問題」であることは、例えば亀井静香・衆議院議員の次の見解と発言がある。

【革マル派は、中核派とともに「日本の極左の二大ブランド」。私は、警察官僚時代に、彼らを相手に仕事をしていたから、彼らの〝反社会性〟というのは、骨の髄まで、わかっている。

その極左集団が労働組合、特にＪＲ東日本という「公共交通機関」の労働組合に浸透し、影響を与えているという現実は、わが国の治安上、由々しい問題で、本来、あってはならないことなんですよ】（西岡研介著『マングローブ』講談社　平成一九年六月刊）

【「週刊現代」が、ＪＲ東日本の革マル派問題を追及しているのを、興味深く読みました。―中略―日本最大の交通機関の労働組合がそういう状態にあるというのは由々しきことであり、何らかの対応が必要だと思うのです。ただ、そうかといって、今は民間企業となったＪＲ東日本の労働組合の問題に、政府が介入するわけにもいかない。となれば、経営者が毅然とした対応をとるしかないわけです。ＪＲ東日本が常日頃から言っている「労使協調」というのは結構なことだけど、経営者は、革マル派に支配されている労働組合とは一線を画していかなければならない。このことは、私も以前から何度も松田氏に言っていることなんです】（同上書）〈※傍線宗形〉

元警察のエリート官僚から転身した政治家が問題視するのは当然として、「当該労働組合の幹部役員」ですら、法廷の場で、次のように「問題だ」、「排除の対象だ」と言っているのである。

被告側代理人：ＪＲ総連の構成員が革マル派かどうかは関係ない、関知しない、という立場か。

京力正明証人：思想信条は自由だ。しかし、革マル派は反社会的存在であり、必ずしも革マル派がいていいとは思わない。

被告側代理人：つまり、思想信条の段階ならよいが、組合に影響力を行使しようとすれば、排除の対象だということか。

京力正明証人：もちろんそうだ。
被告側代理人：ＪＲ総連にとって、革マル派は排除の対象か。
京力正明証人：そうだ。かつて我々を妨害してきたこともある。

これは、ＪＲ西日本・福知山線事故がらみで「週刊文春」に記載された記事に関する裁判記録の一部で、ＪＲ総連側が原告、「週刊文春」側が被告。当該裁判は、二〇〇七年三月二〇日午後、東京地裁六一一号法廷で開かれた。京力正明氏はＪＲ総連副委員長である。その人物が、ＪＲ総連にとって革マル派の存在は「問題」であるばかりか、「排除の対象」だとまで証言しているのだ。ちなみに、同氏は、現在進行中の「ＪＲ革マル四三名リスト」裁判の「リスト」に、【マングローブの一員、ＪＲ東海労出身、助役への暴力事件で起訴。その後ＪＲ総連執行委員を経て、現在はＪＲ総連副委員長】として名前が載っている。

住田・松田・松崎癒着体制労政の失敗、誤りは今や天下に明らかになっている。その最大の責任者は、初代社長住田、二代目社長松田の両氏である。大塚・清野体制の労政も浦和電車区事件の発生その他、決して「問題なし」ではないが、それらの遠因は住田・松田労政時代のツケと後遺症であり、負の遺産である。

私の既刊書ではかなり詳しく述べたところだが、社長就任時から松崎とは微妙な距離感を保ってきた大塚氏を起点とする現行「大塚・清野」労政の確立に至るまでの大筋を概括すると、次のように言えると思う（敬称略）。

①住田・松田労政はＪＲ革マル派の総帥松崎に完全にコントロールされた。
②松田は当初の「志」を捨て、松崎に屈服し、部下・同志を裏切ることで社長の椅子を手に入れた（「ヤルヤル詐欺」）。
③大塚は住田・松田労政の「負の遺産」を背負った中で、松崎と一線を画し、地道な努力を続けながら清野へとつなぎ、ようやく今日の状況をつくり出すに至った。

「浦和電車区事件」第一審有罪被告社員の懲戒解雇処分問題でガチンコ対決となったＪＲ東日本と松崎及び「（松崎）チルドレン」集団との関係はもう元に戻れる筈がない。

ＪＲ東日本は、「浦和電車区事件」第一審有罪判決の内容を充分に吟味、その道理に納得したからこそ、社員被告全員の「懲戒解雇」処分に踏み切った。他方、松崎と「チルドレン」集団は、裁判に至るずっと以前、梁次邦夫ら七名逮捕の段階から「デッチ上げ事件」、「冤罪」と叫び続け、ＪＲ総連・東労組組織の総力を挙げて全面的に支援する体制固めに狂奔、また、国内・外に「冤罪被告」支援を求め、熱心な活動を行ってきている。しかも、ＪＲ総連・東労組の最高権力者「松崎明」が、浦和電車区事件被告全面支援活動の発起人筆頭であり、対会社姿勢における最強硬論者なのである。覆水盆に返らず、ＪＲ東日本と松崎及び「チルドレン」集団との関係が〝もう元に戻れない〟のは、自明の理だ。ＪＲ東日本には、住田・松田コンビ労政時代の後遺症、桎梏から悩ましいこと、苦しいことは多々あろうが、労政変更の先送り、逡巡はもはや許されない。これは「時代の流れ」である。国際労働総研を拠点に「われらのインター」で松崎があれほど吠えまくり、かつての同志、松田昌士元社長まで含め盛大にＪＲ東日本経営陣批判を展開しているのに、会社側が「黙して語らず」では、社員一般の志気にかかわる問題が生じよう。いや、実はもう生じているのだ。

浦和電車区事件裁判日の傍聴券（占有）取得活動に狩り出されるなど、同裁判への支援活動、有罪・

懲戒解雇社員支援闘争に組合員は疲れ切り、しかし組合の統一基本方針への「口に出せない不満」は職場に充満している。実際、私は昨年暮れ、この耳で、直接、JR東労組恒例の「浦和電車区事件」記念・日比谷公園大集会（一一月一日）に心ならずも参加しなければならなかったJR東労組地本役員のX氏から、外部に支援を訴えての異様な「銀座デモ行進」に向けられた奇異な視線、冷たい目への恥ずかしさ、それに気づかない「チルドレン」指揮の異常性への悩み・嫌悪感を綿々と聞かされた。それに止まらず、X氏の訴え話は「会社上層部は、いつまでこんな（「JR革マル支配」容認の）労政を続けるつもりなのか」との労政担当幹部不信の念にまで及んだのだ。これはつい最近の実話である。

地本役員ばかりではない。JR東労組の大多数を占める「もの言わぬ一般組合員」の声なき声が心底で何を望んでいるのか。かつての後輩たちから私はたくさんの真実情報を得ている。

本項の最後として、関連する「外部の目」について書くと、『フォーサイト』誌（平成二〇年一月号）の掲載記事**【「駅」で儲けるJR東日本〝二十年後〟の積み残し】**は、「一一月六日、JR東日本が二〇一三年の完成を目指して進める東京駅八重洲口の再開発計画が、その一端をのぞかせた。……」との書き出しで、「駅」を中核に、再開発、流通、電子マネーといった事業を展開する複合企業体に生まれ変わりつつあるJR東日本の好調な現況を紹介しつつも、「**労組には当たらず触らず**」の〝中見出し〟を付け、その最後を次のように結んでいる。

【（しかし）また、いまだに売り上げの七割を鉄道事業に依存しているのも事実。東北新幹線の青森延伸にともない時速三百二十キロの新型新幹線を投入したり、首都圏の通勤・通学路線で湘南新宿ラインに続き東北縦貫線を整備するなど、事業拡充にも余念がないが、「革マル派」が実権を握るといわれるJR東日本労働組合に手をつけるには至っていない。JR東労組に運転士の大半を押さえられ、「首都圏の鉄道網麻痺」という事態を想定すれば、鉄道事業の根本的効率化は困難だ。だからこそ、組合交渉が難しくない改札や窓口の省力化や駅周辺のビジネスに手をつけたともいえる。

景気回復、首都圏の沿線人口増、団塊世代の大量退職による職員の自然減――。これまではＪＲ東労組への〝刺激材料〟は少なかった。今後、環境が変化する中で経営多角化を果たせるか。正念場はこれからだ。】

(二) 松崎理論（指導）と嶋田理論（指導）はどちらが正しかったのか

いわゆる「東京問題」に端を発したＪＲ総連・東労組の内部紛争で、「松崎組」から数年に亘り組織的弾圧を受けてきた嶋田グループの人びとは、「ＪＲ東労組を良くする会」を立ち上げた後、二〇〇六年九月二六日、都内「山の上ホテル」会議室で共同記者会見を行い、マスコミの個別取材にも正式に応じた。

当日、「良くする会」側からは、嶋田邦彦、本間雄治、阿部克彦、新妻和裕の四氏が出席。マスコミ側は、朝日、毎日、読売、日経、ＮＨＫ、テレビ朝日のほか、雑誌・週刊誌記者など一三名であったと聞いている。次に紹介するのは、松崎氏の「浦和電車区事件擁護」と「積極的組織防衛論」をめぐる取材記者と嶋田邦彦氏との間のやりとりである。

記者：浦和事件を「冤罪だ」と言う東労組の感覚をどう思いますか？

嶋田：そんなこと、組合員の誰一人思ってないでしょ。でも、言えないだけの話です。だから、そこが一番不幸なところです。その前に、金町の駅で暴行事件とか、高崎の車掌の件等もあり全部有罪になっているわけですよ。全部、「冤罪」と宣伝していましたけど、私自身はそんなもんで闘えないだろうという思いでした。

今の社会的意味での立場を考えたとき、「不当弾圧だ」なんて闘って、はたして大きなシーンがあるかというと残念ながらない。これはまさに組織を預かるものの判断ですよ。

……（中略）……

「積極攻撃型組織防衛論」なんて訳の分からないことを言って、組合員を振り回して、お金も使ってですよ。じゃあ、何が出来るんだと。明らかに私は間違った闘いだと思います。本来の姿に戻さないといけません。

浦和事件が組合運動の最大の中心課題なんて、そんなバカな労働組合はこの世の中に存在しちゃマズイですよ。でも、それが残念ながら現実ですから。

組合員の多くは「いい加減、裁判の傍聴券取りを辞めろよ」と思っています。彼らだって疲弊しているでしょ。でも、（松崎が）拳を振り上げた限りはやるしかないですからね。有罪になれば、当然控訴でしょ。最高裁までまたぞろ続くわけです。……

嶋田氏は松崎の「腹心中の腹心」として長く仕え、後継者の地位は不動と内外の多くの人々から見られていた。いわゆる「『東京問題』（かつてＪＲ東労組の分裂を策動した役員が、東京支社の担当課長に昇進する会社人事に松崎氏が猛反発し、「順法闘争」議論を持ち出すなどして騒いだ事件」に端を発したＪＲ東労組の内部紛争で松崎の逆鱗に触れ、切り捨てられたとき、嶋田氏は本部書記長を経た筆頭副委員長だった。

つまり誰の目にも、当時の嶋田氏は最高権力者・松崎明に次ぐ不動の「ナンバー二」と映っていたのだ。

上掲の記者取材を手がかりに、今にして振り返ると、「東京問題」の本質は、松崎対嶋田の路線闘争でもあったようだ。松崎組は「東労組左派（強硬派）」、嶋田組は〝会社との協調〟を重視する「東労組右派（穏健派）」である。そして松崎組が勝利し、嶋田氏たち八名の中央執行委員は辞任した。

それから五年、紆余曲折を経て嶋田派系の人びとは〝革マル排除〟を旗印に「ＪＲ東労組を良くする会」を立ち上げ、その後「ジェイアール労働組合」（略称『ＪＲ労組』）を結成した。

他方、今もなお松崎の絶大な影響下にある「ＪＲ東労組」では、松崎（動労青年部創設者・初代本部青年部長）の秘蔵っ子・千葉勝也氏（第一一代本部青年部長）が中央本部執行委員長に就任した。

松崎の浦和電車区事件被告の擁護・高評価ぶりについては「最高権力者にして最強硬論者」ということで、先に紹介したが、この異形な人物はまた、「浦和電車区事件」に対する「〇七・七・一七東京地裁判決」について、「日本の裁判だから有罪になった」「日本以外なら全員無罪」とまで言っている。嶋田氏の主張、見解とは正反対である。

松崎路線と嶋田路線、どちらが正しかったのか、どちらが組合員（社員）を幸せにできるのか、ＪＲ東日本は今その実験場裡に置かれているともいえるだろう。

(三) 小倉常務取締役・安全キャラバン挨拶をめぐる不当労働行為救済申請問題

ＪＲ東日本による「懲戒解雇処分」を巡ってＪＲ東日本と松崎・ＪＲ東労組とは鋭く対立し、組合側の法廷闘争にまで発展している。

二〇〇七年九月一四日、浦和電車区事件の解雇者六名は東京地裁に「地位保全仮処分申立」を行い、同年一二月二五日に東京地裁は、社員としての雇用契約上の地位確認は却下したうえで、二名の社宅使用と五名への金銭支払いをＪＲ東日本に命じる決定を下した。

これに対し、会社は、二〇〇八年一月一八日、「仮処分命令の取り消し」を求めて、東京地裁に「異議申し立て」を行って対抗した。

そしてこれを審理した東京地裁は、二〇〇八年一一月二五日、「懲戒解雇処分に合理的な理由がある」として、仮処分命令の取り消しを決定した。

東京地裁は、先に二〇〇七年一二月二五日の仮処分命令において、「会社は判決言い渡しにおける裁判長の発言を記録した文書を提出しているのみであり、被告らによる強要行為の具体的事実の疎明が不充分である」としたが、その後会社が提出した「被告らの強要行為の具体的事実が記載された疎明資料」を懲戒解雇理由として認定したうえで、仮処分命令の取り消しを決定するに至ったのである。

この「取り消し決定」に対して、東労組は、「仮処分命令を取り消す反動決定弾劾！不当懲戒解雇を正当化する地裁決定を許さない抗議声明」を出し糾弾しているが、懲戒解雇処分を批判する唯一の拠り所としてきた仮処分命令が取り消されたことは、東労組の「反弾圧の闘い」にとって大きな痛手となったことは間違いない。

このような、松崎・東労組側にとって厳しい状況下で、彼らはさらに「小倉常務取締役・安全キャラバン挨拶をめぐる不当労働行為救済申請問題」も抱えている。

次に松崎・東労組が東京都労委に「不当労働行為救済申請」を行った小倉雅彦常務（当時）の〝問題の発言〟を紹介する。

◇宇都宮運転所での小倉常務取締役挨拶（平成一九年一一月一日）

皆さんお早うございます。担当常務の小倉です。今日は安全キャラバンという……

—中略—

最近のトピックスとして、例の浦和の話がですね、その後の発令も含めてね、三六（協定）も随分いろいろとお騒がせしました。まっ当たり前でね、会社の建物でね、およびその周辺の職場に関する所で大勢の人間が寄ってたかって社員を責めて暴力……、それで脅かしてね、社員として先ず許せないことで……。あとはそれを完全に防備ができなかったことにも会社に問題がありましたが、今それは会社側として何でもないことで、有罪判決が出て、立法的に事実が認定されたわけです。それに対して反省して適切な反省をし、当然のことで、しなかったら世の中から、ＪＲって会社、どんな会社なんだとむしろ変な目で見られます。で、一部にね、それに異を唱えるような動きがあるやに現に聞いておりますす。あとは社員一人ひとりの意思表示だから、会社がどうのこうの言う立場でない。少なくとも社長がやったことに対して自分は違うぞと言うんであれば、それなりの覚悟を持ってやっていただきたいし、会社としては、当然、遺憾に思っています。今日はそれぐらいに留めておきますけどね。

―中略―

まあ、あの、会社は別に全て間違ってないなんて言うつもりはないんで、昔のある時期も含めて、会社は会社としての責任を果たさなかった時期もあったと思いますよ。皆さんも必ずしも会社を信じていない部分もあって、そこのところの信用できない部分もあって、無理がないとも思うけど、明らかに変わっていますからね、是々非々というように言ってるように、わかるように会社も間違ったところについては改めていくし、今後もそうです。そのところの相対するところに対しても間違ったことを改めてもらうことは当たり前のことなんで。要は社員の人がね、一生懸命真面目にちゃんと働いて、ミスをするにしても、ちゃんと三六（協定）も含めてお金をもらって、家族が幸せに暮らせることが我々がいちばん求めていることなんでね、それを実現させるために会社は責任を持ってやるべきことはやりますよ。過去のやや会社に対して不信感を持ったようなことはそれは改めていきますすし、社長自身、是々非々とはっきり言ってますんでね、実績で示しますから、是非……現場で働ける……。今日は半日意見を聞かせていただきますのでよろしくお願いします。どうも。

◇大宮信号通信技術センターでの小倉常務取締役挨拶（平成一九年一一月一日）

——前略——

で、それと……最近のトピックスでいうと、皆さん恐らく知っているんだけど浦和関係ですけどね、ご承知の通りああいう事件があって、会社としても処分発令をしたところですけどね、皆さんはいろんなことを聞かれてるかもわかんないけど。会社としては、有罪、無罪に関係なく、一人の社員を皆で大勢で寄ってたかって、しかも、職場の中で何回も何回も言葉の暴力だとかそういうことで脅迫をして（会社を）辞めさせた訳ですから、これは会社として社員としてまず許してはいかんことですよね。その当時許せなかった、それを防げなかった会社の方にも責任があるんだけど、それが裁判という場でね、事実としてテープレコーダーの記録、その他でも認定されているわけだから、これはもう適切な処分発令だと思いますよ。それで東日本として何もやらなければね、世の中から異常な会社と見なされますよね。これちょっと心配しているのは、その、そうした会社の発令に対してね、いかがなものかというふうな、異を唱える動きが出ているやに聞いていますんでね、これは社員一人ひとりの意見はそれは自由ですけれども、会社としては会社としてきちっと責任を果たすために事実に基づいて発令していますんでね、社長のやったことに対して、異を唱えるんであればそれなりの覚悟をして唱えていただきたいし、我々としては非常に遺憾であるというふうに、そういう動きに対してね、考えております。今日はそれくらいまでにしておきますけどね。

——中略——

今まで時々会社が間違えたところもあったと思います。一時期はね、それが社長以下、是々非々でやると、間違ったところは改めていくと、対応する関係者に対しても同じように是々非々で、間違ったところは改めて欲しいということで言っているところですんでね、是非会社を信じて、言うべきことは言っていただいて結構ですからね、我々としても現場の皆さんの幸せのために、やれることを一生懸命やりますので、どうか宜しくお願いいたします。

今日は半日ですけど皆さんの声を聞かせていただいて、会社としての方向が間違っていないかどうかということを確認する大事な機会ですんでね、是非代表して会に出られる方は、えー、ご意見を率直に述べていただければと思います。以上です。


小倉常務挨拶に不当労働行為性はない。挨拶の中に「会社としては、有罪、無罪に関係なく、……」とあるように、組合運動の範囲を逸脱して職場規律を乱し、集団的威圧によって一人の社員を本人の意思に反する「退社」にまで追い込んだ非違行為に対して会社として当然やるべきこと、やらなければならないことを実行したに過ぎない。しかも、過去の労政（＝松崎・チルドレン集団支配下の「東労組」偏重労政）が、「会社に対する不信感」まで一般の社員に与えてしまったことへの「苦渋の反省」と、「今後への決意」を述べている。他方、これを労働委員会に持ち込んだ松崎・チルドレン集団側には、彼らが思うように行動できた住田・松田労政時代のなごりである一種の「傲慢さ」が感じられる。

「浦和電車区事件」第一審有罪被告社員の懲戒解雇処分問題でガチンコ対決となったＪＲ東日本と松崎及び「（松崎）チルドレン」集団だが、彼らが会社を相手取って提起したこの「小倉常務・安全キャラバン挨拶」に関わる〝不当労働行為救済申請問題〟もガチンコ対決となってしまった。

そして、昨年一一月二五日、東京地裁は、ＪＲ東日本の「異議申し立て」を受けた審理の結果として、会社の異議を認め、同地裁が先に出した「浦和電車区事件の懲戒解雇者五名に対する金銭支払いと社宅使用を認める仮処分命令」（一昨年一二月）を〝取り消す〟との決定を下した。これに対して、ＪＲ東労組本部「不当懲戒解雇処分撤回闘争委員会・闘争委員会情報」Ｎｏ．一〇五（二〇〇九年一月一四日）は、「無実の美世志会に対し、賃金返還・社宅使用料の請求（ママ）を求めるＪＲ東日本会社の非人道的な姿勢を満腔の怒りをもって糾弾する！」「JR東日本会社の非人道的姿勢を断じて許さない！」「全組合員の怒りの結集と闘いで美世志会と家族の生活を守ろう！」などと叫んでいる。これもガチンコだ。

今年はJR東日本経営陣にとって「鼎の軽重を問われる重大な年」だと私は思っている。

私は、三月三日、「JR総連・JR東労組・梁次邦夫原告」裁判の被告側証人として、本間雄治氏と共に東京地裁に出廷、証言した。当日、原告側代理人は、「私はマングローブの一員でした……」と、〝真実〟を告白した本間氏に対して、枝葉末節の事柄について重箱の隅をつつくような尋問を繰り返すのみで、「本間・陳述書」の骨格に触れる質問は皆無だった。私は、原告席に並ぶ武井JR総連委員長、千葉勝也東労組委員長、梁次邦夫氏の顔を眺めつつ、本間氏の「堂々たる証言」を後ろで聞かせて貰いながら、「白は白、黒は黒と言えばいい私と本間氏とは違って、二月一七日の小田裕司、石川尚吾両氏は相当大変だったろうなぁ……」などと考えていた。閑話休題。

本書第三章四項、「本間雄治・陳述書」の、

> JR東労組など、JR各社の労働組合の中に革マル派の活動家が相当数いて、組合員の中から革マル派に理解を示す者を作り出し、同派に同調する者を育成し、最終的には革マル派の同盟員を育てる活動をしていたのは公然の秘密でした。
>
> そのような活動の第一段階として、組合員の中で意識が高いと認められた者たちを、革マル派の機関紙である『解放』を購入させ、その学習会を行うことによって、革マル派の考え方を学んでいきました。この学習会に参加するメンバーは、組織防衛のためとして、本名ではなく、ペンネームでお互いを呼んでいました。

は、われわれ「JR東日本革マル問題ウォッチャー」が、おおよそ想像していたこととはいえ、実際

に言葉で聞くとあまりにも〝衝撃的内容〟である。

そして、〝党〟へのカンパの生々しい実態!!

私の概算では、かつて本間氏が書記長を務めたＪＲ東労組横浜地本分だけでも年間一千万円を超える金が党中央へ流れていることになる。ＪＲ東労組全体ではおそらく年間「一億円」にものぼる巨額の活動資金が世界革命を志向する左翼過激派集団に提供されていることになると推測される。「新左翼過激派の中で、革マル派の財政面、活動資金面が突出して豊であったのも宜なるかな」と世間も納得するのではないか。

しかも、本間雄治氏や梁次邦夫氏らを指導する「ＬＣ会議」の最高責任者がＪＲ東労組前委員長・石川尚吾氏！　そして、本間雄治氏や梁次邦夫氏が集金した「上納カンパ」を受け取って、「党中央」に渡すのは、ＪＲ総連前委員長の小田裕司氏（セクト名「立花」）と、「元トラジャ」説のある田岡耕司氏の役割だったのだという!!

これでは、松崎氏及びＪＲ総連、ＪＲ東労組が「政府見解」「歴代警察庁警備局長国会答弁」を権力側のデマ、でっち上げなどと完全否定してきたこととの関係上、国会質疑問題が再燃することは必至だと思う。そして、ＪＲ東日本代表者の参考人招致なども避けられたいだろう。

加えて、「ＪＲ革マル派四三人リスト」裁判がある。こちらは松崎及び「チルドレン」集団側が突然仕掛けた戦争である。自衛のために、被告「良くする会」関係者側は必死の反撃を試みるだろう。九名の被告の中には表裏を知り尽くした「松崎組」元幹部が相当数含まれている。驚愕的事実が次々と表出して来るであろうことは想像に難くない。

そして更に『小説　労働組合』を巡る「福原福太郎被告裁判」である。いったい何が飛び出してくることやら、興味津々だ。「ＪＲ東日本革マル問題」ウォッチャーの一人である私にとって、嬉しくも有り難い年になったようである。

㈣　松崎明・国際労働総研会長への忠告と千葉勝也・ＪＲ東労組委員長への勧告

本書を終わるにあたって、松崎・国際労働総研会長に一つ忠告しておきたい。

黒田寛一と共に自らが創設した革共同・革マル派からの離脱時期を、「カチカチヤマ事件の一九六六年……」、「動労・貨物安定輸送宣言の一九七八年……」、「国鉄改革時……」など、どんな言い方をしても、必ず破綻して、絶対無理なのだから、もうこれ以上、虚言を弄するのはやめた方がいいと思う。国鉄・ＪＲ労働運動史にというより、日本労働運動史に一時代を画した人物の出所進退は、「男の美学」で飾ってもらいたい。

私の手許に三種類の立花　隆著『中核ＶＳ革マル』がある。最初のものは一九七五年（昭和五〇年）一一月に講談社から出た単行本である。同書は、立花隆氏が、一九七四年一一月から、七五年一月にかけて月刊『現代』誌上に、〝中核・革マルの「仁義なき戦い」〟というタイトルで両派の抗争史を連載したものをまとめ、これをベースに単行本として世に出したものである。

二つ目のものは、一九八三年（昭和五八）一月に講談社から出た同書の文庫本（上・下巻）である。そして最後のものは、同じ文庫本だが、こちらは二〇〇一年（平成一三）三月発行の「第二三刷」版である。国鉄労働課育ちという職業上のこともあり、月刊『現代』連載の〝中核・革マルの「仁義なき戦い」〟から読み続け、携帯に便利な講談社文庫版第一刷のものは、繰り返し読むうちに赤線だらけで汚れてしまったので、保存用に新しいものをまた買ったらこうなってしまった。

立花隆『中核ＶＳ革マル』は、私のような労使関係業務の従事者にとっては必要不可欠な重要書物で、特に新左翼問題関係者の世界では「不朽の名著」だからこそ、あのスト権ストで日本が揺れた「一九七五年」の初出以降、今日に至ってもなお版を重ねているのである。そして、同書には、私が「ＪＲ東日本革マル問題」批判五部作で幾度も引用したように、「松崎明が革マル派の幹部であること」や「松崎明が革マル派に大きな影響力を持っていること」などが、詳しく書かれている。

これに対し、松崎氏本人は「抗議」など一切おこなったことがない。抗議するどころか、月刊『現代』誌上に〝中核・革マルの「仁義なき戦い」〟が連載された当時の世相の雰囲気を私はよく覚えているが、総評、国労、動労、新左翼おしなべて全盛時期で、松崎氏本人としては、「大物扱い」の自分関連記事を、むしろ誇らしい気分で読んでいたのではないかと思う。

冷戦終了、ソ連崩壊など、新左翼退潮、左翼劣勢へと時代が変わった今になって、「これまでの発言・記述は記憶違い……」、「この証言が正しい……」など、女々しいことは口にせず、以前のように「抵抗とヒューマニズム」「世界に冠たる……」などと胸を張っている方がずっとよく似合う。

思想的には正反対の立場だが、私は松崎氏の「個人的能力」と「リーダーとしての資質」を高く評価し、敬意を表するにやぶさかではない。三月三日の証言席でも、西岡研介被告代理人の喜田村弁護士に「松崎氏への評価」を問われ、〝幾多の人材を輩出した国鉄労働運動史上、一、二を争う優秀な人物〟と本心から答えた。それほどの逸材であるのに……の感が、同氏のこのところの言動にとみに深いというのが残念だ。

今や、「革マルは、スターリン主義を批判しながら、自分たちがスターリン主義と同じものになっていってしまった、と言えると思いますね」（『松崎明　秘録』三八ページ）は、〝天に唾する言葉〟だと多くの人々が感じていることを自覚してほしいものである。

千葉勝也・ＪＲ東労組委員長にも一つ勧告しておきたい。

「一／二六松崎明証言録」にもあったように、「昨年一二月末」で、〝永久組合員〟なる非常識な権利を返上した松崎明元会長は、ＪＲ東労組と全く関係がなくなったのだから、これを契機に、下掲の有名な「二〇〇三・一・二三ＪＲ東労組中央執行委員会見解」は、〝無効宣言〟を出すべきである。

◆「将来にわたって盤石なＪＲ東労組を松崎前顧問とともにつくること、これがＪＲ東労組の基本的な組織戦略である」
◆「我々は松崎前顧問を組織外の人だとは思っていない。ＪＲ東労組の育ての親であり、紛れもなくＪＲ東労組にとっての重鎮である。この事実は揺らぐものではない」
◆「今でも労働運動の第一線で闘っていること、卓越した洞察力と的確な判断、そして陰に陽に実践的なアドバイスをしてくれる松崎顧前問は、『余人をもって代え難い』存在である。この評価を否定し『ぶら下がり』と言うなら、それは明らかに見解の相違であって、そのように思っている者とは闘うしかないことを明らかにしておく」

私がこう勧告する理由は、本書の標題と内容とで理解できる筈だ。革マルなどとは全く無縁かつ圧倒的大多数の東労組「一般組合員」は、皆、浦和電車区事件被告支援活動、懲戒免職社員復帰要求運動、カンパ・署名活動その他諸々の運動に疲れ、嫌気がさしている。そして、前途真っ暗かつ際限ない法廷闘争に使用される組合費の不透明性と、ＪＲ他社より二ヶ月分も多い高額組合費の使途に疑念を抱いて〝言論統制下〟の蔭でひそかに囁き合っているのが、ＪＲ東労組の実情である。

千葉勝也・ＪＲ東労組委員長が誕生したと同じ昨年六月のＪＲ総連定期大会では、小西富士雄氏が四茂野修氏や京力正明氏と共に「特別執行委員」に就任している。「小西富士雄」という人物は、他の二人（「神保順之」、「浅野孝」）と共に、ＪＲ九州労・大量偽装脱退事件に際しＪＲ九州労事務所に乗り込み（平成一二年一〇月九日）、党〝革マル派〟幹部の立場でＪＲ九州労幹部を罵倒し、書類窃盗行為までおこない、更に、この三人組は、【同年一二月三日に開催された党の「革共同政治集会」で特別報告を行い、ＪＲ九州労における組合員の大量脱退、ＪＲ総連による党の告発（元ＪＲ総連役員の行方不明事案をとらえたもの）を批判し、「革命的マルクス主義」（革マル派の革命理論）で「武装」することの重要性を訴えた】〈塚田貴司「ＪＲ総連等による革マル派『批判』」〈『治安フォーラム』二〇〇九年一月号〉〉のだ。革マル派党員として、ＪＲ総連を批判したのである。

このような異様な人物、「小西富士雄」氏は、ＪＲ総連特別執行委員であると同時に松崎明会長の「国際労働総研」の主任研究員である。また、「浅野孝」氏も国際労働総研・主任研究員だ。松崎明・国際労働総研会長の周囲には、このほかに大久保孟〈国際労働総研主任研究委員：第七代本部青年部長〉、四茂野修〈国際労働総研監事：ＪＲ総連・東労組副委員長〉の両氏も控えている。これらの〝たいへん有名な人々〟が、有給か無給か、その給与関係の詳細は把握していないが、実質的にはＪＲ総連の上部機関として機能している「ＪＲ東労組」の委員長として、千葉勝也氏には、この辺りに対する「普通の一般組合員」の疑念や危惧に応える責任と義務がある。ＪＲ総連・東労組がつねづね自称、自賛する「普通の労働運動」を愚直に進めている「普通の労働組合」が本当であるならば、ゆめゆめ「ＪＲ総連・東労組周辺に〝元トラジャ〟が寄生している!!」などと言われないように、と老婆心ながら申し上げておく。「二〇〇三・一・二三ＪＲ東労組中央執行委員会見解」の早急な〝無効宣言〟への取り組みを勧告する所以である。

(五)「ＪＲ東日本革マル問題」の今後を予感させるかのような二つの新しい動き

『治安フォーラム』の二〇〇九年三月号に、西野　誠名の「ＪＲ東労組の組織体質に関する一考察」という論考が掲載され、興味深く読んだ。

その中に、次のような記述がある。

【平成二〇年一二月九日、松崎元会長ほか四二人が、同氏に批判的な元ＪＲ東労組役員らを相手に、

〝元役員らＪＲ東労組関係者四三人と革マル派の関係等を記したリストをマスコミ関係者に配付したことで名誉を傷つけられた〟として、損害賠償を求めた裁判の第一回公判が開かれた。その公判後の集会では、松崎元会長が「浦和電車区事件」の被告人七人を〝労働者の鑑〟と持ち上げ、組合脱退と退職を強要した犯罪行為についても、〝労働運動である〟として強く肯定した。さらに、〝反戦、平和のためには革命が必要〟と説き、最後には、訴訟の相手側であり、かつては「同志」として組合活動を共にした元ＪＲ東労組の役員らに向けて、〝本来の革マル魂を忘れるなよ〟などと意味深長な発言を行っている。

ＪＲ東労組は、現在も、松崎元会長の理論を日々実践するなど、同氏の影響を大きく受けていることは間違いなく、今後もその動向を注視していく必要がある】（二二ページ）

執筆者には公安警察関係者のＯＢや現役が多いとも言われている『治安フォーラム』誌の性格からすると、これは「現在の公安警察の重要な一つの視点」と考えられる。

そして、ＪＲの労使関係等の情報誌『旬刊　ＡＣＣＥＳＳ』の二〇〇九新春合併特集号では、佐々木信正ＪＲ北海道労組委員長が取材記者に対し、次のように語っている。

【私たちは会社づくりのために「労使共同宣言」を会社と結び、一心同体として協力してきました。会社が今日あるのも私達の努力が大きく反映しているという自負があります。他の組合に比して緊密な関係は当然であり胸を張って進もうと思いますが、一時の現象に目を奪われ「二兎を追う者は一兎も得ず」などというような取り返しのつかないことにならないように会社には哲学を持って揺るぎない姿勢を堅持してもらいたいものです。

いずれにしてもわが組合を「真のパートナー」として信頼している姿を目に見える形でこれからも示

してもらいたいと思います】（三ページ）

傍線は私だが、これは、少数組合に対するＪＲ北海道の「不当労働行為」を認定し、誠実交渉を命じた二〇〇七年五月の中労委命令を不服として、会社が取り消しを求めて提訴していた裁判に関して、本年二月五日、東京地裁は会社の請求を棄却する判決を下すと共に、「直ちに協約締結に向け、誠実に交渉することを会社に命ずる」との緊急命令も決定した。これについて、当初は難色を示していた会社も、結局、中労委命令に従い、二月二〇日、ＪＲ北労組に対し、社長名による「謝罪文」を手交した。

また、いわゆる「釧路不当配転事件」で、会社側が敗訴するなど、このところ佐々木信正委員長率いるＪＲ北海道労組にとっては「暗雲漂う雲行き」に不安と焦燥に駆られての発言であるように思われる。

ＪＲ東労組とＪＲ北海道労組との関係は、親ガメと子ガメのような関係だ。中央の裁判情勢など聞くにつけ、「木暮」というセクトネームを持っている（革マル派機関紙「解放」）模様の佐々木信正・ＪＲ北海道労組委員長も心穏やかではないようである。

三月二三日に行なわれた浦和電車区事件第四回控訴審において、高裁判決が六月五日に出ることが決まった。その時には、おそらく、ＪＲ東日本と東労組との労使関係に「激震」が走るだろう。

「ＪＲ東日本革マル問題」にとって、間違いなく今年こそ、〝大変動〟の予感大である。

おわりに

ほぼ二〇年の間、続けられてきた「ＪＲ東日本」と松崎「ＪＲ総連・東労組」との緊密な労使関係、私の言葉では【「住田・松田・松崎」癒着に起因する〝東労組オンリー〟の労使関係】には、事柄の是非は別にして、少なくともそれが許容されるための社会的前提条件があった筈である。

その前提条件とは、「松崎明は革マル派とは無関係」、「ＪＲ東労組に革マルはいない」、「ＪＲ総連・東労組は革マル派と関係のある者たちに支配されていない」ということ。換言すれば、政府の公式見解や歴代警察庁警備局長（現米村敏朗警視総監をも含む）の国会答弁、「**左翼過激派〝革マル派〟がＪＲ総連やＪＲ東労組に深く浸透している**」、「**ＪＲ総連、東労組内において影響力を行使でき得る立場に革マル派系の労働者が相当浸透している**」は、事実ではない。根も葉もない〝デマ〟であり、〝デッチ上げ〟である、ということだ。

本書は国民に多大の犠牲を強いた「国鉄分割・民営化」という重い歴史を背負ったＪＲ東日本の労使関係において社会的に許容されるためのその「前提条件」が〝全くの虚構〟であったことを証明・報告したものである。

特に、「国鉄改革」に際して、私は中央鉄道学園教育企画部長として当時の国鉄重要施策、「企業人教育」を所管、多数の青年職員を、前途の多幸を祈念して政府機関や地方公共団体、民間諸企業などに送り出した業務経験がある。ところがその数年後、それら青年職員の内でＮＴＴが協力、雇傭して下さった中の二名（動労所属）が、変貌、逮捕・起訴され、「ＮＴＴ・顧客情報窃盗流用」事件被告として登場・有罪になったという仰天の事態に遭遇した。その時、はじめて私は、〝国鉄分割・民営化〟直前の有名な【松崎・動労のコペルニクス的回転】の裏側に、重大な国家施策に便乗した〝革マル派の壮大な戦略展開〟（国家機関、地方自治体などの公的部門、民間企業等への組織拡大戦略）があったのだということに気付き、愕然としたことを書き記しておかなければならない。

「国鉄改革」前のある時期、国鉄の職場規律が崩壊し、国労と動労に対してマスコミを中心に国民の厳しい批判の目が向けられ、非難の声が集中したことがある。国労と動労が特に「悪者」視された時代があったが、良くも悪くも、【「労働組合」は、対応する「経営・企業」の〝質〟の反映】である。「国労と動労を〝悪くした〟のは国鉄当局だった」というのが、国鉄労働関係業務一筋に生きてきた私の経験に基づく実感である。そしてこれは、「JR東日本と東労組との労使関係」の現状についても同じことが言えると思う。

私が最近読んだ本の中で、心に残った一節がある。


「ペリー来航やソ連参戦には事前情報があった。しかし、日本人には、たしかな情報があっても、起きたら困ることは起きないことにする病癖があって失敗した」

〈半藤一利著『幕末史』（新潮社　平成二一年）〉


私は、かつて「国鉄」に恩恵を受けた者として、私にとって「わが愛する国鉄」の後身である「JR東日本」の〝革マル問題〟を解決し、JR東日本を「松崎呪縛」から解放するためにやるべきこと、出来ることはすべてやったと思っている。

後はJR東日本経営陣の〝経営哲学〟と〝志〟の問題である。


―終―

〈著者略歴〉

宗形　明（むなかた　あきら）

昭和９年、東京都生まれ。国鉄中央鉄道学園大学過程（業務科）卒業後、国鉄大学委託研究員（一橋大学「藻利重隆」研究室）として「労務管理」を学ぶ。国鉄東京北鉄道管理局労働課長、新幹線総局労働課長、職員局主幹、高崎鉄道管理局総務部長、国鉄清算事業団労務課長、同新潟支社長。現在中小企業診断士・社会保険労務士。著書に『もう一つの「未完の国鉄改革」』（平成14年６月、月曜評論社発行）、『続　もう一つの「未完の国鉄改革」』（平成17年１月、高木書房）、『ＪＲ東日本労政「二十年目の検証」』（平成17年６月、高木書房）、『「国鉄改革」の完成に向けて』（平成18年３月、高木書房）、『「JR 総連・東労組」崩壊の兆し⁉』（平成19年10月、高木書房）など。

異形の労働組合指導者
「松崎明」の誤算と蹉跌
〜「ＪＲ東日本革マル問題」の真相と現状〜

平成二十一年四月一日　第一刷発行

著　者　宗形　明
発行者　斎藤信二
発行所　株式会社　高木書房
東京都荒川区西日暮里
二―四六―四―七〇一
〒　一一六―〇〇一三
電　話　〇三―五八五〇―五八一〇
ＦＡＸ　〇三―五八五〇―五八一一
印刷・製本　日本ハイコム株式会社

ISBN978-4-88471-506-9

シリーズ第1弾から第5弾

絶版

宗形 明

もう一つの
「未完の『国鉄改革』」 第1弾

日本の大動脈から〝革マル〟は一掃されたか！
元国鉄管理局労働課長が明かす国鉄改革の裏側!!
〝鬼の松崎〟は〝仏〟になったか！

四六判ソフトカバー **定価：一六八〇円**（税込）

宗形 明

続 もう一つの
「未完の『国鉄改革』」 第2弾

もう一つの「未完の『国鉄改革』」に続く〝第二弾〟
もう疑惑ではないJR東日本革マル問題を再検証する。
真に「世界に冠たるJR東日本」たらんことを願う。

四六判ソフトカバー **定価：一八九〇円**（税込）

宗形 明

JR東日本労政
『二十年目の検証』 第3弾

ようやく照らし出されたJR東日本革マル浸透問題。無法国家による日本人拉致事件と同様に、わが国のマスコミ界が知って知らぬ顔をし続けた異様な問題に真実の光を当てる。

四六判ソフトカバー **定価：一六八〇円**（税込）

宗形 明

『国鉄改革』の
完成に向けて 第4弾

〝虚構からの決別を図るべき時期に到達したJR東日本〟 既刊三部作の「資料集」的価値評価との整合性も念頭に「現時点での一定の整理」としてまとめあげられている。

四六判ソフトカバー **定価：一六八〇円**（税込）

高木書房

宗形　明

『JR総連・東労組』崩壊の兆し!?

第5弾

ようやく革マルの呪縛から解放される日が来たと感じさせる出来事が内部から起きている。労使の別なく、JR東日本のすべての人々が〝虚構〟から訣別し〝国鉄改革の負の遺産〟を直視し正常化するときである。

四六判ソフトカバー　**定価：一六八〇円**（税込）

高木書房